湖南高质量发展丛书 第二辑

HUNAN
GAOZHILIANG FAZHAN
CONGSHU

湖南省社会科学基金智库重大项目



# 湖南世界级产业集群建设

主 编 侯喜保

副主编 戴 丹

湖南大学出版社 CNS 湖南人民出版社 · 长沙

## 图书在版编目（CIP）数据

湖南世界级产业集群建设 / 侯喜保主编. —长沙：湖南大学出版社，2024.12
（湖南高质量发展丛书）
ISBN 978-7-5667-2705-3

Ⅰ. ①湖… Ⅱ. ①侯… Ⅲ. ①产业集群—研究—湖南 Ⅳ. ①F269.276.4

中国版本图书馆CIP 数据核字（2022）第177814号

# 湖南世界级产业集群建设

HUNAN SHIJIEJI CHANYE JIQUN JIANSHE

**主　　编：**侯喜保
**策划编辑：**刘　旺　王和君
**责任编辑：**刘　旺　陈　维　尹鹏凯
**印　　装：**长沙超峰印刷有限公司
**开　　本：**710 mm × 1000 mm　1/16　　**印　　张：**11.75　　**字　　数：**122千字
**版　　次：**2024年12月第1版　　**印　　次：**2024年12月第1次印刷
**书　　号：**ISBN 978-7-5667-2705-3
**定　　价：**38.00 元

**出 版 人：**李文邦
**出版发行：**湖南大学出版社
**社　　址：**湖南 · 长沙 · 岳麓山　　**邮　　编：**410082
**电　　话：**0731-88822559（营销部）　88821594（编辑部）　88821006（出版部）
**传　　真：**0731-88822264（总编室）
**网　　址：**http: //press.hnu.edu.cn

# 序　言

PREFACE

## 锚定“三高四新”美好蓝图
## 加快推动湖南高质量发展
## （代序）

党的二十大擘画了以中国式现代化全面推进中华民族伟大复兴的宏伟蓝图，明确高质量发展是全面建设社会主义现代化国家的首要任务。全省上下要切实把思想和行动统一到党的二十大精神和党中央决策部署上来，统一到习近平总书记关于湖南工作的重要讲话和指示批示精神上来，锚定“三高四新”美好蓝图，扎实推进中国式现代化的湖南实践，奋力闯出新时代湖南高质量发展的新路子。

——要将高质量发展作为社会主义现代化新湖南建设的首

要任务，推动高质量发展导向深入人心、高质量发展要求全面落实，促进三次产业结构持续优化、整合全球和全国创新资源能力持续增强、城乡区域发展差距持续缩小、城乡人居环境持续改善、开放平台能级持续提升、人民健康水平和生活水平持续提高，实现产业发展水平、自主创新能力、协调发展水平、绿色发展水平、开放发展水平、共享发展水平明显提升，“三个高地”建设取得重大进展，社会主义现代化新湖南建设迈出坚实步伐。

——要牢固树立和践行正确政绩观，正确处理规模速度和质量效益、政府和市场、发展经济和保护生态、发展和安全、当前和长远的关系，加快形成推动高质量发展的鲜明导向。要大力推进国家重要先进制造业高地建设，明确现代化产业体系建设的主攻方向，提升园区承载能力，推动存量企业扩能升级和精准招商，加快构建富有湖南特色和优势的现代化产业体系；大力推进具有核心竞争力的科技创新高地建设，推动关键核心技术攻关和成果转化，实施新时代人才强省战略，加快构建汇聚全球创新资源的创新型省份；大力推进内陆地区改革开放高地建设，持续深化重点领域改革，推动高水平对外开放，加快构建高标准市场体系和高水平对外开放格局；大力推进长株潭一体化发展，推动四大区域板块联动发展，促进县域经济高质量发展，加快构建支撑高质量发展的城乡区域协调发展体系；大力推进乡村振兴战略，坚决扛稳粮食安全责任，以农民持续增收为核心加快培育农业特色优势产业，持续推进乡村建设行动，加快推动农业大省向农业强省跨越；大力推进扩大内需战略，持续推动消费提质、投资增效、流通体系升级，着力增强高质量发展的内生动力；大力推进市场化法治化国际化营商环境建设，加大对民营经济政策支持力度，强化民营经济发展法治保障，促进民营经济人士健康成长，全力营造重商亲商安商的浓厚氛围，推动民营经济高质量发展；大力推进文化产业创新发展，提升红色文化的传播力影响力，打造优势文化产业集群，推进文旅和相关产业融合发展，加快建设文化强省；大力推进共同富裕，深入实施创业就业行动，推进健康湖南建设，提高社会保障水平，持续提升人民群众收入水平和生活品质；大力推进美丽湖南建设，持续打好污染防治攻坚战，全面提升生态系统功能，加快发展方式绿色低碳转型，坚决扛牢“守护好一江碧水”的责任担当；大力推进安全发展，防范和化解重点领域风险，提升本质安全能力水平，有效防范和应对自然灾害风险，完善社会治理体系，坚决守住高质量发展的底线红线。

——要把党的领导贯穿推动高质量发展全过程各方面，持续抓好学习贯彻习近平新时代中国特色社会主义思想主题教育，完善工作推进机制，强化监督助推落实，深入协商集中民智，形成共促高质量发展的广泛共识和强大合力。强化实干实绩实效导向，完善高质量发展综合考核评价体系，严格落实“三个区分开来”，健全激励干部担当作为的容错纠错机制，为担当者担当、对负责者负责、让有为者有位。大兴调查研究，持续为基层松绑减负。及时总结推广全省高质量发展的典型案例、先进经验，推动形成比学赶超、争先创优的浓厚氛围。

（摘自《中国共产党湖南省第十二届委员会第四次全体会议决议》，原载《湖南日报》2023年8月31日）

# 目　录

CONTENTS


第1章　湖南打造国家重要先进制造业高地的战略举措

第一节　抢占全球产业竞争制高点的迫切需要 …… 003

第二节　推动制造强国建设的重要举措 …… 010

第三节　构建湖南现代化产业体系的有力支撑 …… 016

第2章　湖南世界级产业集群的发展基础与面临的挑战

第一节　湖南世界级产业集群的崛起之路 …… 028

第二节　湖南世界级产业集群发展的特色优势 …… 044

第三节　打造世界级产业集群面临的挑战 …… 055

第3章　湖南打造世界级产业集群的总体部署

第一节　打造全球领先的工程机械产业集群 …… 064

第二节　打造世界一流的轨道交通装备产业集群 …… 067

第三节　打造具有国际影响力的中小航空发动机及航空航天装备产业集群 …… 071

第四节　打造具有国际竞争力的新一代自主安全计算系统集群 …… 074

第4章　加速产业集群的规模化发展

第一节　打造一批航母舰队集群 …… 078

第二节　建设一批高集聚化专业园区 …… 085
第三节　实施延链补链强链三大行动 …… 088
第四节　大力推动集群发展促进组织 …… 093

第5章　促进技术高端化升级

第一节　突破一批关键核心技术 …… 100
第二节　打造一批重大创新平台 …… 108
第三节　推动一批科技成果转化 …… 114
第四节　集聚一批创新人才 …… 122

第6章　推进数字化绿色化转型

第一节　加快数智化变革 …… 131
第二节　推动绿色化发展 …… 143

第7章　提升运营国际化水平

第一节　完善全球化的发展布局 …… 152
第二节　营造国际化的营商环境 …… 165

关键词索引 …… 176
后　记 …… 179

# 第 1 章

# 湖南打造国家重要先进制造业高地的战略举措

“立足实体经济这个根基，做大做强先进制造业，积极推进新型工业化，改造提升传统产业，培育壮大新兴产业，超前布局建设未来产业，加快构建以先进制造业为支撑的现代化产业体系。”

——2024 年 3 月 20 日习近平总书记在新时代推动中部地区崛起座谈会上的讲话

产业集群是现代产业发展的重要组织形式，不仅是地区经济发展的主导力量，而且是国际经济竞争的战略性力量。制造业是国民经济的主体，是立国之本、兴国之器、强国之基。打造世界级先进制造业集群已成为国家快速实现经济增长、培育经济新优势、提升国际竞争力的重要战略选择。湖南将工程机械、轨道交通装备、中小航空发动机、新一代自主安全计算系统 4 个国家先进制造业集群打造成为具有国际竞争力的世界级产业集群，是站在国家发展战略全局的高度落实产业集群战略部署、加快构建以先进制造业为支撑的现代化产业体系的具体行动，也是抢抓新兴科技和产业发展机遇培育和发展新质生产力，建设中国式现代化湖南篇章的战略举措。

## 第一节

# 抢占全球产业竞争制高点的迫切需要

在全球化与区域经济一体化快速发展的今天，国际间竞争由企业间、行业间、产业链间的竞争逐渐转为产业集群、产业网络和产业生态系统间的竞争。打造具有全球影响力和竞争力的世界级先进制造业集群，成为提升国家的全球竞争力，进而抢占全球产业竞争制高点的战略举措。

### 一、把握新一轮全球产业变革的新机遇

当前，百年未有之大变局加速演进，新产业革命方兴未艾，全球从工业社会、信息社会向后工业化社会、后信息化社会转变。国际产业分工和全球竞争格局加速演变，改变了传统的国际产业分工体系，带来国际产业结构的重大调整，推动国际贸易结构和贸易方式的重大变化，使产业竞争更具广泛性、分散性和个性化，知识性生产要素的争夺将日趋激烈。

从产业集群来看，新一轮产业变革打破地理区域限制，对全球制造业在全球空间布局、产业集群、产业竞争方式、企业内部各环节等方面都产生了深远影响。一方面，新一轮产业变革使得

受限于地理位置的消费群体利用互联网平台组成自己的网络社区，从而形成新的消费集群；另一方面，各类企业通过分布式网络进行集聚，企业间以网络协同方式跨越地理边界而建立紧密联系，产生虚拟的生产和服务集群。而这两种集群又可以通过网络平台相遇，形成更为紧密的联系，逐渐摆脱国家和地域限制，走向全球性合作，进一步推动社会结构的合作化和扁平化，进而形成全新的经济格局。

世界级产业集群的打造正好契合了新一轮产业变革数字化、绿色化和智能化的发展方向，通过贯穿生产和消费两端，渗透产业和技术，联通国内和国际，对全球的技术创新、产品市场、经济发展形成影响力和控制力。近年来，湖南坚持以产业高端化、智能化、绿色化、融合化为主攻方向，打造了一批能够参与国际竞争的产业集群。无论从创新能力还是产品的市场占有率来看，湖南的工程机械、轨道交通装备、中小航空发动机及新一代自主安全计算系统等优势产业在国内外已具备了一定的影响力。湖南加快打造四大世界级产业集群，促进生产和消费走向全球性合作，形成竞争新优势，促进产业迈向全球价值链中高端，是把握新一轮全球产业变革新机遇的应需之举。

专栏 1-1

### 世界级先进制造业集群的特征

市场份额高。在全球产业发展中占有重要的位置，产品在全球占有较大的市场份额或处于主导地位、具有显著的行业影响力和市场控制力。

创新水平高。不仅掌握一批具有国际先进水平的前沿技术和关键核心技术，而且能坚持不断突破前沿技术，具备较强的、可持续的自主创新能力，能够在较长时间内成为推动产业技术升级的主导力量。

品牌价值高。拥有大批占据全球价值链中高端的世界级龙头企业和国际知名品牌，这些企业和品牌能够主导制定行业国际标准，是集群全球竞争力和国际地位的集中体现。

集群组织优。拥有较为完整的产业链、创新链和服务链，集群内企业、大学、科研机构、配套组织、服务机构与政府机构等形成了紧密交流与合作的“集群网络”共生关系。

制度环境优。有优越的集群制度环境，包括稳定的政府政策、成熟的市场条件与健全的法律服务体系等。

开放程度高。具有面向全球的多元、开放、包容的文化特点，是一个具有强大组织包容性的开放系统。

——根据公开资料整理

## 二、点燃区域经济快速增长的新引擎

产业集群对区域经济发展的推动作用十分显著。在经济全球化的今天，资源、要素的全球流动与自由配置不断地催生着具有区位优势的产业集聚区日益壮大。产业集群通过专业化分工，加强了企业间的优势互补，不断整合、优化产业结构，降低交易费用，在提升区域整体竞争力的同时，也在不断吸引着人们的眼球，成为区域经济版图中不可或缺的、色彩斑斓的一块。从某种意义上讲，产业集群已经超越了一般的企业或产业范畴，形成了多个产业及相关机构在特定地理范围内相互联结、相互融合的综合经济体，并逐步成为衡量某一区域经济发展水平和综合竞争优势的重要指标。

纵观世界，自 20 世纪 70 年代“第三意大利”（意大利的东北部和中部地区）的崛起，产业集群化发展正成为普遍现象。无论是发达国家的产业集群诸如美国硅谷和 128 公路的电子产业集群、德国斯图加特汽车产业集群、日本的爱知汽车产业集群，抑或是发展中国家的产业集群如印度班加罗尔软件产业集群、北方邦的阿格拉制鞋业集群，都汲取了丰富的经济资源，聚集了稠密的辐射能量，培育了大量的世界级产业和企业，创造了世界绝大部分的财富和奇迹。

专栏 1-2

### 美国硅谷高新技术产业集群

美国硅谷被称为世界上最大、最密集、最具创造性的高新技术产业集群。在硅谷，集聚了上万家高科技企业，大多数为中小企业，人员不超过 50 人的公司占 80%，约 4800 家。其中有 4000 多家是电子工业公司，电子产品销售额每年超过 4000 亿美元，占全美销售额的 40%。这里既是美国袖珍计算器、电子游戏机、PC 机（个人计算机）、无线电话、微处理机的诞生地，也是美国第一块集成电路、硅单晶和现代软硬件的孕育地。自 1965 年以来，全世界前 100 家最大的电子和软件公司当中，有 20% 在此扎根；美国成立的前 100 家大技术公司，有 1/3 在硅谷，硅谷企业的电子产品出口额相当于美国电子产品出口额的 1/3。在硅谷集聚着如英特尔、惠普、思科、太阳微系统、雅虎等世界高新技术企业中最重要的公司。在全球经济不确定因素持续增加的大背景下，硅谷地区经济始终保持高速发展，成为带动美国经济增长的“火车头”。

——根据公开资料整理

20 世纪 80 年代，我国东南沿海的一些地区开始凭借其独特的区位优势，迅速发展成为高经济集聚度、高对外开放度、生产高度专业化和外商投资集中的产业集群。这些“块状经济带”和“专业镇”也已成为我国集群经济发展的亮点，并呈现出“一镇一品”、“一县一业”、紧密关联、分工有序的良好发展态势。如深圳新一代信息通信集群、上海集成电路集群、广佛惠超高清视频和智能家电集群、西安航空集群、合肥智能语音集群等，为区域经济的发展作出了卓越贡献，在海内外产生了重要影响。

湖南四大产业集群对地区经济发展贡献显著，带动湖南工业新兴优势产业链发展壮大，全省制造业占工业增加值比重超过90%，对经济增长贡献率超过30%，创造了一批能够彰显“中国高度”“中国速度”“中国强度”“中国深度”的“硬核”产品，本土制造业千亿元级企业实现了从0到5的突破，智能制造“湖南模式”、工程机械“长沙现象”引起国内外广泛关注。推动湖南四大产业集群迈向世界级产业集群，能更好地发挥集聚效应、关联效应和扩散效应，提高区域生产效率，促进区域创新助推经济高质量发展。

## 三、顺应产业集群化发展的新趋势

产业集群作为一种生产组织形式，能够有效地配置资源，帮助集群所在区域企业提升竞争力。随着技术进步速度的不断加快以及经济全球化的不断加剧，许多集群在发展过程中遇到了新的问题和挑战。特别是发展中国家的一些产业集群，其技术能力层次低、技术要素发展不协调、技术基础设施不完善等问题直接阻碍了集群创新的进程。因此，产业集群市场与创新系统的失灵需要集群成员采取积极的、协调成员利益冲突的集体行动来应对。而产业集群作为具有多重联结的网络组织，其协同效应的产生，迫切需要相关主体加强产业集群治理，使治理能力达到高水平。

近年来，欧美等发达国家纷纷提出集群治理战略和计划，并推出国家计划，试图将培育先进制造业集群作为提升自身国际竞争力和影响力的主要手段，通过政府引导和支持来促进本国优势产业集群向世界先进水平迈进。如美国国会 2010 年通过《美国竞争力再授权法案》，制订区域创新（集群）计划，推进横跨美国大陆的 56 个创新集群的建设；德国联邦政府 2005 年制定面向联邦政府所有部门的集群战略，2007 年提出“领先集群竞争计划”，试图打造 15 个世界级创新集群。上述集群自建立以来，很大程度上作为这些发达国家及地区的创新发展平台，积极推动了创新生态系统的形成，并有效带动了更多世界级创新集群的兴起。

网络化协同创新、群体性技术突破、集聚化产业布局是世界级产业集群发展的必然趋势。湖南打造世界级产业集群，一方面可以通过推出全球布局的产业集群计划，将以集群网络为代表的网络组织作为参与全球竞争格局的重要政策工具；另一方面可以从多机构、多渠道、多部门协同角度推进世界级产业集群建设，强化各创新主体和链条的网络化和密切合作，从而使得集群中的产业和企业具有国际影响力，技术创新水平具有全球竞争力。

## 第二节

# 推动制造强国建设的重要举措

中国制造业已经完成了从落后的追跑者向并跑者的伟大转变。习近平总书记指出："我国是制造大国，要努力提高自主创新能力，加快向制造强国转变。"打造世界级产业集群，是推动我国从制造大国迈向制造强国的重要举措。

### 一、在提升我国制造业影响力和竞争力中展现湖南力量

改革开放以来，我国产业发展水平快速提升，初步形成了以信息化、智能化和绿色化为特征的现代产业体系，但我国产业发展依然大而不强，产业影响力、竞争力与西方发达国家相比仍有不少差距。以美国为首的西方发达国家通过国家安全法案、301 调查机制等对我国新一代信息技术、航空航天、人工智能等进行遏制。当前，我国新兴产业的关键技术和核心产品"卡脖子"问题依然明显，芯片、光刻机、工业软件、航空发动机、新兴元器件、新材料等诸多的研发制造核心技术仍被西方发达国家所控制。我国科技创新水平依然呈现出总量多、规模大、策源力不足等特征，前沿科

学领域和新兴产业技术总体上处于跟踪模仿、集成创新阶段，这也是影响我国提升产业竞争力需补齐的重要短板。

习近平总书记强调："建设制造强国，必须加强技术研发，提高国产化替代率，把科技的命脉掌握在自己手中"。世界级产业集群能够整合全球最好的产品、技术、人才等中间投入和生产要素服务本地产业发展，增强科技创新能力，补齐产业链关键环节短板，生产具有全球竞争力的产品，对提升产业发展水平和综合竞争力意义重大。湖南在四大领域具有显著优势，是北斗卫星导航原创技术策源地，是国内轨道交通最大的研发、生产和出口基地，也坐拥"世界工程机械之都""中国电力机车之都"，还涌现出"海牛"深海钻机、"鲲龙 2000"采矿车等一批世界领先成果。湖南发力打造世界级产业集群，聚焦优势锻长板，持续壮大集群规模，将提升创新效率，为充分发挥科技创新与产业发展协同效应，推动产业链与创新链深度融合提供重要支撑，更好地肩负起提升我国制造业影响力和竞争力的重要使命。

## 二、在推动我国制造业迈向价值链中高端中彰显湖南作为

近年来，以美国、德国为代表的某些发达国家实行"再工业化"战略，以印度、越南为代表的某些发展中国家正在加速工业化进程，中国在嵌入全球价值链过程中面临着"高端回流""低端锁定"和"低端转移"等新挑战。中国部分产业在全球价值链中，高端技术不及欧美等发达国家，核心技术很多源自国外，导

致中国被长期限制在低附加值环节中无法获得知识和技术水平的提升，全球价值链中附加值较高的研发设计和终端消费环节被美、德、日、韩等国家长期占据，而原来的劳动力要素等比较优势逐渐被转移到印度等一些东南亚国家，资源环境要素的约束越来越紧。跳出低端环节陷阱，提升生产环节附加值，推动我国制造业迈向价值链中高端成为我国亟待解决的关键问题。

我国国家战略层面最早提出打造世界级产业集群，是在2014年启动实施长江经济带建设战略时，提出以沿江国家级、省级开发区为载体，以大型企业为骨干，打造电子信息、高端装备、汽车、家电、纺织服装等世界级制造业集群。2016年正式发布的《长江经济带发展规划纲要》，对在五大制造业领域打造世界级产业集群作了更多部署。党的十九大报告强调要培育若干世界级先进制造业集群，促进我国产业迈向全球价值链中高端；党的二十大报告进一步强调推动战略性新兴产业融合集群发展。伴随着《中国制造2025》战略的出台，我国全面吹响了传统制造业转型升级、加速高端制造业发展的号角。

湖南紧跟中央部署，牢牢把握高质量发展首要任务，瞄准打造国家重要先进制造业高地的目标，以先进制造业集群为重要抓手，大力实施先进制造业发展“八大工程”和产业发展“万千百”工程，深化产业分工和集聚发展，推动产业链价值链向高端迈进。尤其是提出打造四大世界级产业集群，这既是湖南制造业面对发达国家与中低收入国家“双向挤压”背景下，积极实现产业升级的战略转身；也是在外需受阻和资源约束条件下，从供给侧入手，通过供给侧结构性改革促进产业迈向高端化，适应经济新常态的战略安排；更是以创新驱动攀升到产业链高端，培育和发展新质生产力，挺起大国崛起脊梁的战略选择。

专栏 1-3

### 美国“再工业化”战略

近年来，美、德、英等发达国家持续推进“再工业化”进程，纷纷制定本国工业发展规划，致力于提升制造业在国民经济中的比重，维持本国制造业在全球或区域制造业版图中的领导或领先地位，扩大制造业岗位的就业规模，使制造业成为解决就业、促进地区繁荣的基础。

美国工业战略的总体目标是实现美国在全球先进制造业的领导地位，确保美国制造业供应链的安全，以及为美国军事工业和全球军事行动能力提供技术、物资和供应保障。2018 年 10 月，《美国先进制造业领导力战略》提出“实现美国在各工业行业保持先进制造业的领导力，以确保国家安全和经济繁荣”的总目标，并从新技术、劳动力、产业链三个维度来确定三大分目标。

——选编自《欧美“再工业化”最新进展及对我国的启示与借鉴》（黄剑辉、李岩玉等，民银智库，2020 年 5 月 29 日）

## 三、在增强我国产业链供应链自主可控能力中体现湖南担当

自20世纪80年代以来，西方发达国家逐渐把制造业转移到发展中国家，并通过跨国公司把产业链中的各个制造环节，按成本效率原则外包给不同国家或地区的企业，形成了基于产业内水平分工的全球产业链供应链体系。这样的国际分工体系实现了资源和要素的全球优化配置，有利于实现利润最大化目标。

但由于地域分布广阔、链条环节繁多、库存控制严格，这种分工体系在新冠疫情冲击或地缘政治冲突背景下充分暴露出其韧性和抗风险能力不足的缺陷。不少国家开始警惕“把鸡蛋放在同一个篮子里”的供应链风险，更多从兼顾生产效率和产业安全角度考虑产业链配置问题。疫情也暴露出了我国产业链供应链结构层次不高、核心技术不强、抗风险能力不足等问题。在全球产业链重构和大国博弈的背景下，我国产业链供应链不稳定不安全的隐忧也显现出来。今后一段时间，我国不仅面临全球产业链供应链循环不畅的短期冲击，还要应对全球产业链供应链调整的长期挑战。因此，习近平总书记在党的二十大报告中指出，“着力提升产业链供应链韧性和安全水平”，增强我国产业链供应链自主可控能力成为国家经济安全的重大战略问题。

建设世界级先进制造业集群，不仅要求企业生产在地理空间

上的集中，更需要企业之间能够形成有效的互动，进而保持技术的迭代性、市场的敏感性和产业配套能力的完整性。由此可见，培育发展世界级先进制造业集群，是我国制造业在产业组织和空间布局上实现高质量发展的重要支撑，对优化和稳定产业链供应链，畅通国内国际双循环具有重要意义。湖南打造四大世界级产业集群，也正是基于准确把握全球产业链供应链变化趋势，通过优化资源和要素的配置，集中优质资源合力推进关键核心技术攻关，锻长板补短板，消除断点堵点，强化产业基础再造和重大技术装备攻关，不断提升产业链供应链现代化水平，提升抗风险能力，从而更好应对外部冲击，增强在制造强国建设中产业链供应链的自主可控能力。长沙市工程机械产业集群本地配套率从 2019 年的 16.3% 上升至目前的 32.2%，集群资产、收入、利润总额连续 13 年居全国同行业首位。株洲市轨道交通装备集群在方圆 5 千米内可解决 80% 以上配套产品和技术问题，国家先进轨道交通装备创新中心 4 年攻克“卡脖子”技术或关键共性技术 20 多项。株洲市中小航空发动机及航空航天装备产业推动集群内大中小企业融通发展，形成了集发动机研制、通航整机研制、通航运营、配套衍生、产业服务于一体的全产业链发展格局，集群配套率超过 66%。长沙市新一代自主安全计算系统产业集群集聚了 1400 多家先进计算骨干企业，集群配套率达 90% 以上，形成涵盖硬件、软件、系统、整机的产业生态。

## 第三节

# 构建湖南现代化产业体系的有力支撑

先进制造业是我国产业的优势和竞争力关键所在，是实体经济发展的主战场，在现代化产业体系中占据核心和主导地位。习近平总书记多次强调，要着力构建以先进制造业为骨干的现代化产业体系。湖南抓好先进制造业集群提质升级，着力培育世界级产业集群，为构建现代化产业体系和实现“三高四新”美好蓝图提供坚强产业支撑。

### 一、有利于推动制造业高质量发展

制造业是国民经济的主体，其价值链长、关联性强、带动力大，是国家工业化支撑，也在很大程度上决定着现代农业、现代服务业的发展水平，在现代化产业体系中具有引领和基础作用。完善现代化产业体系，必须牢牢抓住制造业高质量发展这个关键。在产业集聚发展到一定规模的基础上，制造业高质量发展的特征主要表现在充分的产业规模集聚能力、强大的自主创新能力、高端的产业引领能力、坚实的基础能力、高水平的赢利能力、较高的全球产业整合能力、良好的绿色发展能力上，这是世界级产业集群的显著特征和必然要求。

贯彻落实习近平总书记为湖南擘画“三高四新”美好蓝图和一系列重大指示批示精神，湖南抢抓新一轮科技革命和产业变革机遇，把高质量发展的要求贯穿新型工业化全过程，紧盯先进制造业这个主攻方向，着力打造富有湖南特色和优势的现代化产业体系，推动制造业爬坡过坎、由大变强。目前，全国制造业 31 个大类在湖南均有布局，有 3 个万亿级产业、16 个千亿级产业，拥有 4 个国家级先进制造业集群，和浙江并列全国第三，奠定了湖南打造世界级产业集群的坚实基础。同时，湖南推动 4 个“国家队”迈向世界一流，将更加有利于全省创新要素高度集聚、网络协作紧密高效、产业生态体系完善、价值链占据中高端，将大大地提升产业基础高级化和产业链现代化水平，增强制造业核心竞争能力，推动湖南由制造大省向制造强省迈进。

专栏 1-4

**湖南：以先进制造业为主导建设现代化产业体系**

2023 年 10 月 18 日，《中共湖南省委 湖南省人民政府关于加快建设现代化产业体系的指导意见》公布，提出将以先进制造业为主导，改造提升4大传统产业，巩固延伸4大优势产业，培育壮大4大新兴产业，前瞻布局4大未来产业，构建湖南现代化产业体系的“四梁八柱”，打造自主可控、安全可靠、竞争力强的湖南现代化产业体系。

意见指出，将改造提升现代石化、绿色矿业、食品加工、轻工纺织等4大传统产业，巩固延伸工程机械、轨道交通装备、现代农业、文化旅游等4大优势产业，培育壮大数字产业、新能源、大健康、空天海洋产业等4大新兴产业，前瞻布局人工智能、生命工程、量子科技、前沿材料等4大未来产业。

意见要求，要坚持突出目标导向、问题导向，着力实施科技创新攻坚行动、产业集群提质行动、数实融合升级行动、基础设施提效行动、绿色低碳转型行动、企业品牌培育行动、产业大军锻造行动、改革开放赋能行动等8大行动，优化产业生态，推动现代化产业体系建设。

——选编自新华网，2023年10月24日

## 二、有利于培育和发展新质生产力

新质生产力代表先进生产力的演进方向，是由技术革命性突破、生产要素创新性配置、产业深度转型升级而催生的先进生产力质态。先进制造业以创新为动力，以硬科技为核心，表现为全球领先的技术水平、生产效率和产品质量，不仅体现为技术、工艺的先进性，也体现为制造模式、生产组织方式和供应链等的先进性，与新质生产力技术新、领域新、配置新的“三新”特征以及“积极促进产业高端化、智能化、绿色化”要求具有较高的匹配度，是发展新质生产力的基础，也是推进现代化产业体系建设、保障国家产业链供应链安全稳定的关键。因此，加快打造具有国际竞争力的先进制造业产业集群，是各地因地制宜发展新质生产力的重要载体。

2024 年 3 月 20 日下午，习近平总书记在湖南省长沙市主持召开新时代推动中部地区崛起座谈会时强调：“要以科技创新引领产业创新，积极培育和发展新质生产力。”“立足实体经济这个根基，做大做强先进制造业，积极推进新型工业化，改造提升传统产业，培育壮大新兴产业，超前布局建设未来产业，加快构建以先进制造业为支撑的现代化产业体系。”湖南作为全国率先推进新型工业化的省份之一，坚持用新发展理念引领高质量发展，以产业集群建设为抓手，实施“4+6”产业集群跃升工程，积极培育提升先进制造业集群发展新动能和综合竞争力，加速形成新质生产力，以科技创新引领现代化产业体系建设。党的十八大以来，湖南创新综合实力连续前进到全国第 9 位，企业创新综合指标在全国排名第 8 位；2023 年湖南规模以上先进制造业占制造业比重达 51.3%，实现历史性突破；国家新型工业化产业示范基地达 19 个，居中部首位。这些都将成为我省培育发展创新型产业集群的主阵地，也将成为培育未来产业、形成新质生产力的“摇篮”。

专栏 1-5

### 什么是新质生产力?

2023 年 9 月，习近平总书记在黑龙江考察调研期间首次提到“新质生产力”。

2024 年 1 月 31 日，习近平在中共中央政治局第十一次集体学习时强调，加快发展新质生产力，扎实推进高质量发展。

总书记指出，高质量发展需要新的生产力理论来指导，而新质生产力已经在实践中形成并展示出对高质量发展的强劲推动力、支撑力，需要我们从理论上进行总结、概括，用以指导新的发展实践。

**什么是新质生产力**

·新质生产力是创新起主导作用，摆脱传统经济增长方式、生产力发展路径，具有高科技、高效能、高质量特征，符合新发展理念的先进生产力质态。

·它由技术革命性突破、生产要素创新性配置、产业深度转型升级而催生。

·以劳动者、劳动资料、劳动对象及其优化组合的跃升为基本内涵。

·以全要素生产率大幅提升为核心标志，特点是创新，关键在质优，本质是先进生产力。

**发展新质生产力的核心要素**

·科技创新能够催生新产业、新模式、新动能，是发展新质生产力的核心要素。

·必须加强科技创新特别是原创性、颠覆性科技创新，加快实现高水平科技自立自强，打好关键核心技术攻坚战，使原创性、颠覆性科技创新成果竞相涌现，培育发展新质生产力的新动能。

**如何发展新质生产力**

·及时应用科技创新成果

要及时将科技创新成果应用到具体产业和产业链上，改造提升传统产业，培育壮大新兴产业布局建设未来产业，完善现代化产业体系。

·布局产业链

要围绕发展新质生产力布局产业链，提升产业链供应链韧性和安全水平，保证产业体系自主可控、安全可靠。

·围绕战略任务科学布局

要围绕推进新型工业化和加快建设制造强国、质量强国、网络强国、数字中国和农业强国等战略任务科学布局科技创新、产业创新。

·大力发展数字经济

要大力发展数字经济，促进数字经济和实体经济深度融合，打造具有国际竞争力的数字产业集群。

**新质生产力与绿色发展**

·新质生产力就是绿色生产力

绿色发展是高质量发展的底色，新质生产力本身就是绿色生产力，必须加快发展方式绿色转型，助力碳达峰碳中和。

·坚持生态优先

牢固树立和践行绿水青山就是金山银山的理念，坚定不移走生态优先、绿色发展之路。

· 加快绿色科技创新

加快绿色科技创新和先进绿色技术推广应用，做强绿色制造业，发展绿色服务业，壮大绿色能源产业，发展绿色低碳产业和供应链，构建绿色低碳循环经济体系。

· 优化经济政策工具箱

持续优化支持绿色低碳发展的经济政策工具箱，发挥绿色金融的牵引作用，打造高效生态绿色产业集群。

**全面深化改革形成新型生产关系**

· 形成新型生产关系

发展新质生产力，必须进一步全面深化改革形成与之相适应的新型生产关系。

· 深化改革

要深化经济体制、科技体制等改革，着力打通束缚新质生产力发展的堵点卡点，建立高标准市场体系创新生产要素配置方式，让各类先进优质生产要素向发展新质生产力顺畅流动。

· 扩大高水平开放

要扩大高水平对外开放，为发展新质生产力营造良好国际环境。

**完善工作机制、优化人才培养模式**

· 完善工作机制

要按照发展新质生产力要求，畅通教育、科技、人才的良性循环，完善人才培养、引进、使用、合理流动的工作机制。

· 优化人才培养模式

要根据科技发展新趋势优化高等学校学科设置、人才培养模式，为发展新质生产力、推动高质量发展培养急需人才。

· 健全分配机制

要健全要素参与收入分配机制，激发劳动、知识、技术、管理、资本和数据等生产要素活力，更好体现知识、技术、人才的市场价值，营造鼓励创新、宽容失败的良好氛围。

——选编自央视网，2024 年 2 月 27 日

## 三、有利于推动实体经济发展壮大

实体经济是国民经济的立身之本。党的十八大以来，党中央高度重视发展实体经济。习近平总书记强调，“不论经济发展到什么时候，实体经济都是我国经济发展、在国际经济竞争中赢得

主动的根基”，“建设现代化经济体系，必须把发展经济的着力点放在实体经济上，把提高供给体系质量作为主攻方向，显著增强我国经济质量优势”。

当前，湖南经济正由高速增长阶段转向高质量发展阶段，必须始终高度重视发展壮大实体经济，筑牢现代产业体系的坚实基础。工程机械、先进轨道交通装备、中小航空发动机及航空航天装备、新一代自主安全计算系统这四大产业集群，作为湖南最有基础潜力和空间的集群，是湖南发展壮大实体经济、筑牢现代产业体系最直接的突破口和最有效的发力点。率先将其打造为具有国际竞争力的制造业品牌和产业集群，能够大力提升湖南制造在基础研究能力、自主创新能力、资源利用效率、信息化程度等方面的水平，加强产业链上下游之间、跨区域之间的联动协作，使实体经济供给结构满足日益升级的多层次、高品质、多样化消费需求结构的变化，从而支撑和带动实体经济向产业高端和高质量方向迈进，为加快构建湖南现代化产业体系夯实物质技术基础。

## 四、有利于提升产业链开放发展水平

产业体系现代化是一个庞大的系统工程，不仅包括产业内生动力的现代化，还包括外在关联动力的现代化。面对复杂多变的国际政治经济形势，建设现代化产业体系不仅要考虑产业本身的质量效益，还应动态考量其现代化进程中的支撑性、引领性、安全性、开放性和可持续性。只有与国际产业体系接轨，深度参与全球产业分工和合作，在全球范围内配置资源，提升产业链供应链的开放发展水平，以高水平对外开放推进现代产业体系建设，产业体系方可保持旺盛生命力。因此，持续推动产业链对外开放和提高合作水平，是建设现代化产业体系的题中之义。

湖南打造世界级产业集群，一方面，可以在国内庞大市场的支撑下，依托国内经济循环体系形成对全球要素资源的强大引力场，以国际循环促进国内大循环，构建两个循环的发展格局将极改善全省生产要素质量和配置水平，推动产业转型升级，进而塑造湖南企业参与国际合作和竞争的新优势。从土耳其、南非、墨西哥等亚非拉地区，到德国、捷克、奥地利等欧洲国家，“株洲造”电力机车行驶在世界各地。工程机械海外出口快速增长。山河智能挖掘机械在欧洲地区实现爆发式增长，并且成为率先走进工程机械巨头日本市场的中国知名挖掘机品牌。另一方面，通过整合全球最好的生产要素服务湖南本地产业发展，生产具有全球竞争力的产品，聚集全球的人才、技术、信息、数据等优质资源，形成全球化的产业链和市场，在高水平对外开放中推进湖南产业体系现代化建设，实现共赢发展。

第2章

# 湖南世界级产业集群的发展基础与面临的挑战

巩固优势产业领先地位，在关系安全发展的领域加快补齐短板，提升战略性资源供应保障能力。

——习近平在中国共产党第二十次全国代表大会上的报告

湖南世界级产业集群从诞生到壮大，是湖南迈向工业化的精彩华章，推动湖南从传统农业大省向先进制造业大省跨越。

## 第一节

# 湖南世界级产业集群的崛起之路

纵观湖南世界级产业集群演变发展历史，是在中国共产党领导下全省人民筚路蓝缕、接续奋斗的历史，是湖南工业化不断从低级阶段向高级阶段演化的历史。

### 一、社会主义建设前期四大产业开篇布局

明清时期，因闭关锁国，中国错失工业革命机遇，落后挨打、积贫积弱。自 19 世纪 60 年代起，一批志士仁人发起“洋务运动”，探索实业救国之路，在开风气之先的湖湘土地上，播撒工业文明的种子。至 1949 年，工业已有水口山、锡矿山、杨梅山、湘永、裕湘和

华中等 24 个企业，但总体上处于工业化早期规模小、分布散、技术低、质量差的弱小状态。中华人民共和国的成立，为强国建设、民族复兴奠定了根本的政治前提和制度基础，逐步积累起工业的物质和技术力量。伴随国家工业化进程，湖南开始培育出一批制造业的重点工业企业和项目。

### 浴火“株机”涅槃新生

诞生于民国时期株洲董家渡的“中车株机”，几经战乱几近停产。1949 年 8 月，中国人民解放军进入株洲，“株洲机厂”更名为株洲铁路工厂，被人民政府接管。

专栏 2-1

**新中国成立前的中车株机**

1936 年 8 月，国民政府交通部委任程孝刚、茅以新选择株萍铁路与粤汉铁路交会的株洲田心，挂出“铁道部株洲机厂筹备处”的招牌，在粤汉铁路右边的稻田中，打下了第一根桩基，建设一座用来修理铁路蒸汽机车的工厂，也就是今天中车株洲电力机车有限公司的前身。1937 年 10 月 8 日，日本侵略者的飞机轰炸了（株洲机厂）正在建设中的大铁房，造成 40 多名建设厂房的工人当场罹难。1949 年 7 月，

> 国民党政权败退南逃时，拆卸下（株洲机厂）数百台机器设备用火车运往广州，随车的工厂工人悄悄地在沿途卸下不少机器，为工厂后来的重建保存了可供使用的设备。
>
> ——根据公开资料整理

1958 年 12 月，铁道部株洲机车车辆工厂、湘潭电机厂联合研制的我国第一台干线电力机车在铁道部田心机车车辆工厂成功下线，当年的“大铁房”已成为电力机车总成车间。“一五”期间，全省完成了株洲硬质合金厂、331 厂、株洲电厂、株洲洗煤厂、湘潭电机厂、桃林铅锌矿和瑶岗仙钨矿 7 项国家重点工程，其中，株洲与四大产业具有关联性的产业项目有 4 个，为湖南世界级产业集群的发展壮大积累了重要的战略资源，从此，株洲成为湖南乃至全国轨道交通装备产业链的重要一环。

### 航空工业在株洲萌芽

湖南的航空工业诞生于新中国成立之初。1950 年，被誉为“中国的保尔·柯察金”的吴运铎来到株洲，担任株洲兵工厂（331 厂，即今天中国航发南方工业有限公司前身）的首任厂长，带领工人在废墟和荒野中建设株洲兵工厂。20 世纪 50 年代，为适应抗美援朝战争和空军建设的需要，党中央决定加快我国航空工业创建的步伐。其中，试制航空发动机的任务就交给了刚刚成立不久的 331 厂，这里接到了试制我国第一台航空发动机的任务。

331厂原为修理航空发动机任务而建，“一五”时期扩建，当时工厂边修理边积累制造经验。M-11型航空发动机起飞功率为118千瓦(160马力)，装备于军用教练机，光零件就有几百种、上千个，试制任务的关键，是要生产出合格的曲轴、中机匣、主联杆、分气凸轮轴等117种新的零组件。经过艰苦的努力，M-11型航空发动机终于在331厂试制成功，成为新中国航空工业奠基之作。毛泽东在贺信中称赞“这在建立我国的飞机制造业和增强国防力量上都是一个良好的开端”。从试制我国第一台航空发动机起步，这片土地已成长为我国中小航空发动机研制生产基地，催动一座崭新的航空产业城的诞生。

### 工程机械在长沙扎根

1956年创建于北京的建设机械研究室是建设部长沙建设机械研究院的前身，也是湖南工程机械产业集群之母。建机院源自建筑工程部机械施工总局设计室，其后几十年，由一个规模不大的设计室发展成为面向全国、专业齐全的建筑机械和城市车辆综合科研机构。作为中国创立最早的、集建设机械科研开发和行业技术归口于一体的应用型研究院，建机院一成立，就研发了我国首台拥有自主知识产权的塔机QTZ160，而后研发改进的多款先进设备参与了“新中国成立10周年首都十大建筑”吊装施工、刘家峡水库、富春江水电站、中国第一座电视塔、北京地铁、东方红三号卫星等一系列国家重点工程建设。据统计，建机院共完成国家重大科研课题 643 项，荣获国家、省部级科技成果奖 132 项，获授专利 137 项，负责制定、修订国家和行业标准 80 余项。1973 年建机院迁至长沙，成为湖南工程机械发展历程中具有重要意义的重大事件，为日后湖南发展为“工程机械之都”播下希望的种子。

**先进计算产业在湘播种**

长城计算机的历史是中国计算机产业发展史的一个缩影，从最初的自主研发到国际化生产和销售，长城计算机见证了中国计算机产业的崛起和成长。1969 年，为响应毛泽东同志“努力把我国电子工业搞上去”的号召，湖南省教学仪器厂正式改名为湖南省无线电厂，它就是后来湖南自主计算产业的龙头企业——长城信息的前身，它的诞生标志着先进计算产业在湖南落地。到了 20 世纪 70 年代，湖南省无线电厂已经开始生产计算机“108- 乙机”和图形显示器。

1974 年中国科学院数学所成功研制出“长城 203”台式计算机，具有字长 48 位，每秒可进行 10 000 次浮点加减法运算的优势。这款计算机在语言、速度、存储量、体积和功耗等方面均达到了当时国际先进水平。1978 年 5 月，国家将研制中国第一台巨型计算机的任务交给了国防科技大学。1983 年 12 月，经过奋力攻关，我国第一台亿次超级计算机研制成功，时任国防部长张爱萍亲自给这台超级计算机起名“银河”。银河计算机的诞生，标志着湖南在计算机研发领域走在了全国最前沿。

## 二、改革开放大潮下四大产业加速成长

党的十一届三中全会以来，随着社会主义市场经济的发展，四大产业在改革开放的广阔舞台上兴起。

### 工程机械的世界级企业脱颖而出

20 世纪八九十年代，长沙建机院面对汽车起重机、混凝土搅拌机等装备配备不科学、不合理、不统型等制约行业发展的突出问题，联合多家单位开展了一系列统型工作，引领了湖南工程机械的创新：长沙建机院承担的 8 吨汽车吊统型、12 吨汽车吊统型、混凝土搅拌机改进设计等工作获得国家机械电子工业部科技进步奖；1987 年，长沙建机院参与研制的“年产千万吨级露天矿成套设备”在各地铁矿、铜矿等矿山中得到推广应用，获评国家科学技术进步奖特等奖。改革开放后的一段时期，长沙建机院虽然科研成果斐然，但依然面临如何适应市场经济发展的新问题。

1985 年国家科技体制改革之后，为适应计划经济向市场经济转变的要求，1992 年 9 月，时任长沙建机院副院长的詹纯新带领 7 名技术人员，借款 50 万元组建中联建设机械产业公司，开始探

索科研院所市场化之路。1999 年中联建设机械产业公司完成股份制改造后，更名为中联重工科技发展股份有限公司，并被时任科技部部长赞为“传统科研院所改制的成功典范”。中联重科成立后的第二年，就生产出了中国第一代独立研发的混凝土输送泵。2000 年中联重科成功上市，2008 年中联重科收购了意大利混凝土机械公司 CIFA，该案例还被美国哈佛商学院收录为 MBA（工商管理硕士）经典收购案例。长沙建机院完成了从传统科研院所到国际化高端装备制造企业的历史性“蝶变”，引领带动着中国工程机械行业的振兴。

湖南工程机械的另一面旗帜——三一集团，是湖南工程机械民营经济崛起的典型代表，它从乡村走向国际，代表了“中国制造”的湖南民企新高度。1986 年，三一集团的创始人梁稳根等人在涟源开始创业，3 年后，他们在涟源市成立了“涟源市焊接材料总厂”。1991 年，公司走出涟源，正式更名为三一集团，进入工程机械制造业。1994 年，三一重工落户长沙，开始以混凝土输送泵产品为主产品进入工程机械领域。同年，三一重工研制出我国第一台大排量、高压力混凝土输送泵。2003 年，三一重工 A 股在上海上市，成为工程机械行业第一家民营上市公司。以上市为契机，三一集团全面进入工程机械制造领域及其他装备制造领域。2005 年 6 月，三一重工成为“中国股改第一股”，开启了中国股权分置改革的新纪元。2006 年，三一重型装备有限公司成立，进入煤炭机械制造领域，3 年后在中国香港上市。2011 年和 2012

年，三一海洋重工有限公司和三一重工与奥地利帕尔菲格的合资公司成立，分别进军世界海工装备领域与随车吊市场。2017年，三一工业职业技术学院挂牌新三板，成为新三板市场上仅有的高等职业院校。在2022年的《财富》中国500强排行榜中，三一重工以营业收入1068.73亿元，位居榜单第129位，是进入该榜单的国内工程机械企业中排名第一的企业。

专栏2-2

**湖南工程机械企业创造的若干个第一**

1997年，三一下线排量和压力排名中国第一的60C-1416型号拖泵。

2012年，中联重科的泵车创造最长臂展世界纪录，臂长101.18米。

2011年，中联重科成功研制中国首台3000吨级以上的履带式起重机。

2012年，中联重科研发的QAY2000是全球最大的全地面起重机。

2013年，中联重科成功研制世界首台4000吨级别的起重机。

2014年，三一超高压拖泵将单泵垂直泵送的世界纪录推高至620米，赢得“世界泵王”桂冠。

——根据公开资料整合

**轨道交通之城问鼎国际轨道技术高峰**

改革开放以后，株洲轨道交通产业托举起国产轨道交通的“半壁江山”。在电力机车领域，株洲电力机车厂先后研制出多流制、多轨距的快速客运、客货两用、重载货运等各型干线电力机车 60 种，引领中国电力机车实现从普速到快速、从普载到重载、从直流传动到交流传动的转变。在城市公共交通领域，作为中国地铁牵引技术的发祥地，公司建立起国际一流的城轨车辆研发制造平台，产品涵盖 A、B、D 车型和 80、100、120、160 千米 / 时 4 个速度等级，为国内外约 30 个城市提供城轨车辆 1 万余辆。在动车组领域，作为中国电动车组技术的发祥地，株洲电力机车厂先后研制出“蓝箭”“中原之星”“中华之星”等 160 至 270 千米 / 时速度等级的动力分散型和集中型动车组。

在集群建设方面，2010 年 5 月，湖南省人民政府、中国南车、国家开发银行三方达成战略合作框架协议，以南车株洲电力机车有限公司为核心企业，共同打造湖南千亿轨道交通装备产业集群。项目启动后，有力地拉动了周边地区机械加工、电子电器等 20 多个轨道交通装备配套企业群的发展，加速推进了地区新型工业化，极大地拓展了公司电力机车、城轨车辆和动车组产业发展空间，实现了公司的跨越式发展。2012 年 8 月，中国工程院与中国南车在南车株洲电力机车有限公司城轨制造现场签署科技合作协议，在“战略咨询服务、加强合作研发和成果转化、开展科技合作与交流活动、引进和培养高端科技人才”四大领域携手开展合作，有力地提升了南车株洲电力机车有限公司等企业的创新能力。

**中小航空发动机及航空航天装备集群加速破局**

到2010年前后，湖南的航空航天产业已形成了较为完整的现代制造体系，产业布局不断优化。构建了以株洲航空动力及整机制造为主，湘潭、衡阳、常德、郴州、娄底等多地协同的董家塅高科园，推动中小航空发动机整机研制和通用航空机载显示设备、航空航天维修保障等产业加快发展；长沙高新区、长沙中电软件园、湖南城陵矶新港区作为国内北斗卫星导航产业示范区和北斗卫星导航应用示范的重点园区，基本构建了从系统端到应用端北斗卫星导航产业链，集聚了全省近70%的北斗卫星导航企业。此外，产业链不断延长，形成了以碳纤维、碳/碳复合材料、聚酰亚胺、耐高温合金材料、高强轻质合金材料、磁性材料、陶瓷复合材料、机载计算机及显控设备、北斗芯片等航空航天材料、机载设备及零部件为主的上游产业，以中小航空发动机、直升机减速传动系统、飞机起降系统、通用飞机、商业微小卫星等航空关键分系统和航空航天器总体为核心的中游产业，以北斗卫星导航应用、航空维修保障、通航运营服务为主的下游产业。

## 先进计算产业开始崭露头角

1983 年，湖南省无线电厂更名为湖南计算机厂，生产出国内第一台图形终端；1986 年湖南计算机厂生产的中西文图形终端应用于银行柜台业务；1987 年湖南计算机厂已开始生产长城集团的汉字终端产品；1989 年湖南计算机厂在国内率先开发生产银行支付密码器、密押机；1992 年湖南计算机厂加入长城集团；1995 年湖南计算机厂完成 3 项国家“八五”竣工重点科技攻关项目——长岛系列中西文终端和图形终端；1996 年湖南计算机厂发布第五代产品——长城蝴蝶网络终端。1997 年 3 月湖南计算机股份有限公司正式成立，它是由中国长城计算机集团公司、湖南电子信息产业集团有限公司、邵阳电源总厂和北京建银电脑公司等 4 家企业共同发起而设立。同年 7 月 4 日，湖南计算机股份有限公司在深交所挂牌上市，股票简称“湘计算机”，交易金额 2.93 亿元。湘计算机成为湖南信息产业第一股，我国最大的计算机终端设备制造商。20 世纪 90 年代，以湖南计算机厂为引领，全省计算机行业经过数年技改，终端产品产能增至 5.5 万台 / 年；荷兰进口数字程控交换机生产线在湘建成投产，年产能达 10 万门……

2009 年 7 月 9 日湖南省首台本土生产的电脑整机产品在长沙成功下线。双方通过签署《产业转移合作协议》，长城电脑授权长城信息为“长城”品牌计算机整机产品湖南省独家合作伙伴，在湖南本地生产并销售台式机、笔记本、服务器等授权产品。

与此同时，湖南的先进计算研究产品的研发迈向国际领先水平。2009 年 10 月 29 日，我国成功研制首台千万亿次超级计算机“天河一号”，成为继美国之后世界上第二个能够研制千万亿次超级计算机系统的国家。面对超算领域的激烈竞争，国防科技大学的科研人员迅速组织开展技术升级与综合优化，着手扩建二期系统。2010 年 11 月 17 日，“天河一号 A”超级计算机，以峰值速度 4700 万亿次、持续 2566 万亿次浮点运算每秒的优异性能，荣登第 36 届世界超级计算机 500 强排行榜榜首。

## 三、新时代湖南世界级产业集群蓬勃发展

党的十八大以来，湖南四大产业迎来了集群发展的新时代，以工程机械、先进轨道交通装备、中小航空发动机及航空航天装备、新一代自主安全计算系统等为代表的先进制造业产业集群崛起，形成了一批行业特色鲜明、带动效应明显的融合应用场景，四大产业不断创新升级，在国际领先的高端制造业道路上高歌猛进。

### 四大产业发力工业互联网建设

“十三五”时期是我国工业互联网起步发展的重要机遇期，湖南工业互联网创新发展取得重要进展。全省工业互联网平台超过 120 个，培育省级工业互联网平台 26 个。

湖南工程机械工业互联网在融合创新方面走在行业前列，涌现出了一批国家级试点示范和典型案例，有力支撑了我省制造业

数字化转型。长沙三一重工18号数字化车间内，以工业互联网为基础，数百台智能机器人协同作业，生产高度自动化和智能化。从一块钢板，到一台混凝土泵车下线，仅45分钟。脱胎于三一集团的树根互联，已为装备制造、钢铁冶金、汽车整车及零配件等数十个工业细分行业、近千家工业企业提供工业互联网服务，助力长城汽车、万向钱潮、广汽本田等企业数字化转型升级，发挥行业灯塔引领作用。

在轨道交通领域，中车株机利用“智轨云”，不仅实现了自身的数字化转型，还搭建出可复制可推广的软件生态系统，为全行业赋能。2019年9月，中车株机入选国家工信部绿色工厂名单。2021年9月，机车全寿命周期数字化平台项目入选2021年大数据产业发展试点示范项目名单。2021年11月8日，中车株机生产的电力机车入选拟认定的第六批制造业单项冠军产品名单。2022年1月，中车株机技术中心又入选国家企业技术中心。

**四大产业领跑智能制造**

三一重工18号数字化车间从2012年开始投入生产，实现了设备远程管控与机器关系管理，采用MRM（机器关系管理，machines relationship management）平台，产品和服务颠覆性创新，实现了人、机、料、法、环的相互调度协调。经过数字化的转型，三一成绩斐然。2012年，在数字化车间投入生产之前，三一集团的73 000名员工创造了1000亿元的销售额，而到2021年，工厂已只有20 000人，销售额却高于1000亿元，人工智

能 + 传统制造的科技创新，为企业实现了提质增效。此外，三一集团打造以 SAP（企业管理解决方案，system applications and products）与 ERP（企业资源计划，enterprise resource planning）为核心的端到端业务管理平台，通过分析三一在世界各地运行的机器实时反馈到附近数据中心的信息，目前已经追踪了 38 万台联网的混凝土搅拌机、挖掘机和起重机，并收集了 1000 多亿项工程的数据。此外，在中联智慧产业城南侧，中联的智能制造工厂占地 2300 亩（约 1.53 平方千米），拥有 57 条智能生产线、4 个黑灯车间、260 台机器人，年规划产值 300 亿元，并正在刷新全球移动式起重机"制造基地"的纪录。与此同时，单台起重机下线时间，也将被压缩到堪称极限的 18 分钟。

湖南轨道交通智能制造水平也走在全国前列。2015 年，国家工信部公布的首批智能制造专项项目，湖南入选 4 项，全部是株洲中车轨道交通产业集群内的企业项目：中车株洲电力机车研究所有限公司（简称中车株洲所）的轨道交通网络控制系统应用标准试验验证项目、中车株洲电力机车有限公司的轨道交通车辆转向架智能制造车间项目、株洲中车时代电气股份有限公司的轨道车辆核心部件智能制造工厂建设项目、湖南中车时代电动汽车股份有限公司的新能源客车智能化工厂项目。

### 四大产业集群托起国之重器

一批代表国际最高水平的大国重器或高端交通装备产品在我省世界级产业集群内诞生。

2012年以前，世界起重机产业产品线上从未出现过2000吨级全地面起重机，但这一纪录被中联重科打破。中联重科在全球重新定义了超大吨位起重机产品，开创了蜂窝车架结构、主动补偿超起机构、恒功率回转等原创创新，创造了该领域4小时拆装纪录。2012年，全球最长臂架混凝土泵车在中联重科下线，这款ZLJ5910THBS101-7RZ混凝土泵车是全球首台臂架超过100米的泵车，该款泵车采用7桥通用汽车底盘、7节臂，泵车臂架总长101.18米，这个总长度打破了吉尼斯世界纪录。此外，国内首台3000吨级履带式起重机、2000吨全球最大轮式起重机、全球首台纯电动汽车起重机、当时全球最大的3200吨起重机均在中联重科下线，并在中国第三代核电建设中大显身手。

在先进轨道交通装备领域，中车株机引领了城市轨道交通的发展新方向。在中低速磁悬浮领域，中车株机公司技术创新能力走在国际国内前沿，2016年5月6日开通运营的长沙南站至长沙黄花国际机场磁浮快线，标志着中国首条拥有完全自主知识产权的中低速磁浮铁路进入应用领域。该磁浮线连接长沙南站和长沙黄花国际机场，线路全长18.55千米，全程高架铺设，设车站3座，预留车站2座，列车采用3节编组，设计速度为140千米/时，运行速度为110千米/时至140千米/时。它是国内第一条自主设计、自主制造、自主施工、自主管理的中低速磁浮线。2022年，由中车株机公司研制、我国拥有完全自主知识产权的首列商用磁浮3.0列车在同济大学高速磁浮试验线上完成相关动态试验和系统联调联试。以中车株机为核心，我国已掌握了商用磁浮列车系统集成技术与关键核心技术，拥有了不同类型的磁浮列车研制平台，培育了磁浮交通系统全产业链，磁浮技术水平及产业发展保持在世界前列。

在中小航空发动机及航空航天装备领域，湖南成为商用卫星发射领域的引领者。2016 年诞生于长沙高新区的天仪研究院截至 2021 年 12 月，执行了 13 次太空任务，成功实现国产 SAR（合成孔径雷达）卫星组网，并且在遥感卫星领域实现了我国重大的突破，其发射的海丝一号卫星荣登 2021 年度世界十大明星雷达装备排行榜。

2021 年 7 月 1 日，在最新发布的国际 Graph500 排名中，国防科技大学研制的“天河”E 级计算机关键技术验证系统，获得单源最短路径榜单世界第一、大数据图计算能效榜单世界第一。在资本和技术的加持下，2022 年湖南计算产业规模超 2500 亿元，带动数字经济规模突破 1.5 万亿元。与此同时，先进计算产业链不断向下延伸，2010 年科技部批准长沙超算中心采用“天河一号”主机系统。2022 年，湖南省投入 6.35 亿元对长沙超算中心进行算力升级和资源扩容，新升级的“天河”新一代超算平台峰值计算性能达 200P Flops（64 位精度），可提供 1000P Ops 人工智能算力（16 位精度），算力水平实现了国际先进、国内领先。

## 第二节

# 湖南世界级产业集群发展的特色优势

2021年，湖南工程机械和轨道交通装备产业集群的规模分别为2817亿元和1580亿元，中小航空发动机及航空航天装备产业集群为493亿元。据湖南省工信厅估算，2023年长沙新一代自主安全计算系统集群超2500亿元。四大产业集群呈现龙头企业强、技术创新好、国际化进程快、产业生态优的四大特征。四大产业集群间的共性特征见图2-1。

### 一、龙头企业颇具实力

在国家先进制造业集群竞赛中，2021年湖南工程机械和轨道交通装备两大产业集群历时2年角逐胜出，成功进入全国25个重点建设的制造业集群。三一集团、中联重科、铁建重工、山河智能、星邦智能等5家企业在2024年全球工程机械制造商50强榜单上榜上有名，分列第7位、第10位、第33位、第43位及第44位，三一重工、中联重科进入全球前10强。

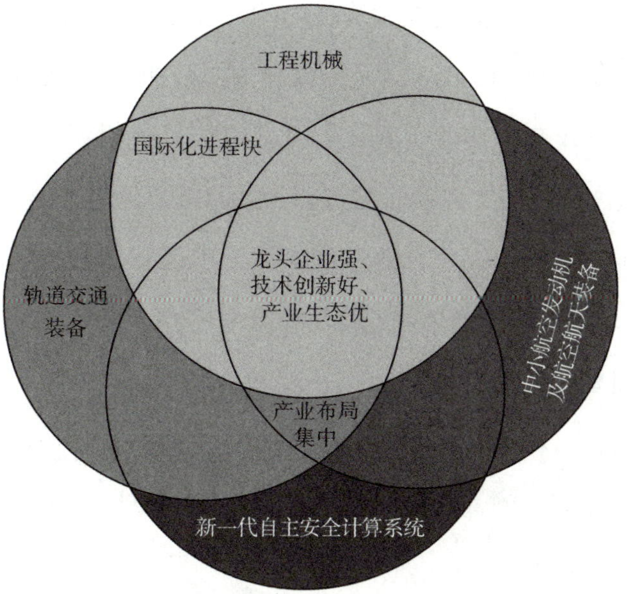


**图 2-1　世界级产业集群的共性特征图**

中车株机作为株洲轨道交通装备产业的核心企业，也是中国中车核心子公司、湖南千亿轨道交通装备产业集群龙头企业，业务涵盖电力机车、城轨车辆、动车组、轨道工程车、磁浮列车、储能式电车等新技术公共交通车辆等领域，在国内外设有 20 余家子公司。公司坐落于被誉为“中国电力机车之都”的株洲，具备年产 1000 台电力机车的能力，自 1958 年公司制造了中国第一台电力机车以来，先后研制出各型电力机车累计 1 万余台，占中国电力机车总量的 60% 以上。

在中小航空发动机及航空航天装备领域，天仪研究院是中国商业化 SAR 遥感卫星及科研卫星的开拓者和引领者，它筑梦“让航天触手可及”，致力于研制极致性价比的小卫星，为航天科技集团、清华大学、厦门大学等在内的几十家科研院所、大学和商业企业提供短周期、低成本、一站式的小卫星研制及数据整体解决方案。近年来在商业卫星发射及遥感卫星应用新领域，天仪研究院是国内商业航空发射领域首屈一指的重要企业。

在新一代自主安全计算系统领域，不仅有长城信息等多家上市公司，而且正在形成中国最大的自主可控计算机整机制造基地正在株洲高新区集聚。2016 年，湖南长城第一台自主可控计算机整机下线，从核心技术到关键零部件，全部实现了自己开发、自己制造，性能达到甚至超过国外计算机。2017 年，公司自主可控计算机产量达 1 万台。

## 二、技术创新引领产业发展

“研究所现象”是我省世界级产业集群共有的特质。世界级产业集群中一批创新中坚企业都离不开科研院所的成果孵化：原建设部长沙建机院改制孵化出中联重科，从创办初期企业净资产 2600 万元，到 2018 年净资产 382.01 亿元，创新支撑了每一次裂变；中车株洲所历经 60 年发展，已从一家科研机构演变为旗下拥有 2 家上市公司，2018 年实现销售收入 295 亿元的创新策源地；中航动力研究所向西安航天动力研究所等省内外 20 余家企业，输出技术 200 余项，产生经济效益 9.38 亿元。据不完全统计，全省县级以上科研院所及科研院所转化的企业拥有各类专利总数在 5000 件以上，掌握了一批全球领先的核心技术。其中，中车株洲所掌握的大功率 IGBT（绝缘栅双级型晶体管）技术，实现了国内首片 8 英寸 IGBT 芯片的成功问世，让民族工业的安全不再受制于人，未来发展潜力巨大。在中小航空发动机领域，拥有国防科技大学、中南大学、湖南大学、湘潭大学等一批在航空航天装备产业领域具有较强实力的高校创新平台和长沙航院、张家界航院两大航空航天技能型人才培养基地。建有国家碳 / 碳复合材料工程技术研究中心、608 所尹泽勇院士工作站等一批创新平台，全省已建立航空航天装备产业相关科研机构 89 家、国家和省重点实验室 106 个、工程技术 ( 研究 ) 中心和企业技术中心 63 个，产学研用融合不断深化。此外，主导商用卫星发射的天仪研究院也是一家研究型机构。

专栏 2-3

**湖南的“研究所现象”**

新中国成立以来，一批国有科研院所孵化转化成为湖南的重点支柱企业，例如中联重科、湘电集团、隆平高科、中车株所，这一现象被誉为湖南的“研究所现象”。世界级产业集群内多家企业具有“研究所现象”特征。

### 世界级产业集群内企业相关科研院所名单

| 序号 | 科研院所名称 | 所属集团公司 |
| --- | --- | --- |
| 1 | 中车株洲电力机车研究所有限公司 | 中国中车股份有限公司 |
| 2 | 中联重科中央研究院 | 中联重科股份有限公司 |
| 3 | 中国航空动力机械研究所 | 中国航空工业集团有限公司 |
| 4 | 中航长沙设计研究院有限公司 | 中国航空工业集团有限公司 |

——根据公开资料整理

湖南世界级产业集群企业的技术创新成果不断提升中国先进制造业的新高度：中车株洲电机成功研制全球首台 12 兆瓦海上半直驱永磁同步风力发电机和可抗 17 级台风 5.5 兆瓦海上漂浮式风力发电机，中车株机公司成功研制中国首列出口欧洲的双层动车组，中联重科成功研制全球最大上回转塔机，三一集团成功研制起重能力世界最大的 4500 吨级履带式起重机以及首台氢燃料重卡。湖南首艘 200 立方米 LNG（液化天然气）新能源油气加注趸船、国产首台 6 米割幅高端青贮机、国内首艘超级电容船、国产最大直径土压平衡盾构机、我国最深海底隧道盾构机“深江 1 号”等相继在湖南问世。山河智能“一种压力自匹配能量利用技术”上榜 2020“科创中国”先导技术榜单，铁建重工“高端智能采棉机制造技术”入选 2021“科创中国”突破短板关键技术榜。

一批具有标志性的重大项目开工建设或竣工投产，推动世界级产业集群的先进制造水平再上新台阶。2021年，三一完成全国20多个“智慧园区”的建设和部署，年内建成投产了中型起重机智能制造工厂、产能4万台挖掘机的重庆产业园、三一智联重卡产业园、三一道依茨高端发动机项目。中联智慧产业城建设全面推进，智慧产业城总部及工程起重机械、混凝土泵送机械、高空作业机械三大智造园区开工建设，建成达产33座灯塔工厂，其中包括全球重工行业“唯二”获得世界经济论坛认证的“灯塔工厂”——“18号工厂”和北京桩机工厂，实现了智能制造转型升级。2021年中联重科原浆搅拌车智能制造工业园项目开建；中车株洲所、铁建重工、五新隧装等企业首次公开发行股票步入资本市场。在轨道交通装备领域，技术创新成果丰硕。中车株洲所每年将不低于销售收入的8%作为创新团队的科研经费，打破了少数跨国公司对铁路核心技术的垄断，完全自主掌握了交流传动系统集成、网络控制、信息监控等核心技术。

## 三、国际化步伐不断加快

湖南的世界级产业集群外向型发展起步于2000年前后。据中国海关统计，2000年，全国工程机械产品出口金额仅5.04亿美元，当时全国经营工程机械出口的有近1800家单位，出口金额在100万美元以上的有122家，122家出口金额合计3.38亿美元，工程机械出口的市场主要为东南亚地区，湖南工程机械的海外市场份额微乎其微。长沙海关的数据显示，2021 年湖南出口机电产品 1838.2 亿元，占全省外贸总值的 43.6%；2021 年全省装备制造业出口 734.3 亿元，并且呈现多头并进的发展势头。从海外销售收入看，三一集团 2021 年海外销售额突破 200 亿元，比上年增长近 70%，其中挖掘机海外销量突破 2 万台，单个产品海外收入过 100 亿元。山河智能挖掘机在国际高端市场取得新突破，出口欧洲突破 2 万台，并首次进入日本市场，成为率先进入日本市场的中国挖掘机品牌。中联重科成功中标联合国农业机械长期采购供应商，成为国内首家获此资格的农业机械制造商，该公司号称风电吊装“神器”的 ZCC9800W 履带式起重机，在土耳其圆满完成通用电气能源旗下赛普拉斯公司柏树系列 5.3 兆瓦风电项目吊装任务，在国际上广受好评。铁建重工“五朵金花”盾构机助力建设的莫斯科地铁正式通车，俄罗斯总统普京出席通车仪式。中车株洲电机与德国 SGB-SMIT 在海上风电领域进一步深化合作。星邦智能启动首个海外制造基地（波兰）建设。湖南自贸试验区首单二手工程机械设备出口报关并成功交易。海关的数据显示，2021 年湖南装备制造业对 RCEP（区域全面经济伙伴关系协定）伙伴国、美国、欧盟出口增长明显，其中对欧盟出口同比增长超过 50%。

专栏 2-4

## 三一的国际化布局

三一重工是工程机械走出去战略的引领者。2001 年，三一集团拉开了国际化战略经营的序幕。次年，三一集团两台 PQ190 平地机销往摩洛哥，进军国际市场。2012 年，三一重工收购德国混凝土泵生产商普茨迈斯特（大象）的全部股权，从“中国泵王”真正变成了“世界泵王”。如今三一重工已在德国、美国、印度等多个国家有 15 个工厂，其中在美国的工厂占地 80 万平方米，印度和德国的工厂分别占地 34 万、25 万平方米。三一在欧洲、美国的工程机械销量超过 50%。

——根据公开资料整理

中车株机的国际化轨道交通产业布局，形成了以株洲为核心，广州、洛阳、昆明、宁波、南宁等国内城市以及马来西亚、土耳其、南非等多国布点的“1+Y”区域格局。此外，产品远销伊朗、哈萨克斯坦、乌兹别克斯坦等国，已经累计获得国际电力机车订单超过 120 台，是国内唯一的电力机车整车出口企业。2008 年，先后获得了伊朗、乌兹别克斯坦、哈萨克斯坦等国的电力机车市场订单，合同总金额超过 2 亿美元。轨道交通产品出口世界 70 多个国家和地区，其中，电力机车产品占全球市场份额的

27%，居世界第一位，动车组出口份额全国第一，牵引系统等核心零部件国内外市场占有率均居第一。根据株洲市科学技术局的报道，2021 年湖南长城计算机系统有限公司海外出货量近 300 万台，出口收入 23 亿元。

## 四、集群产业生态持续优化

在工业化进程中，湖南围绕世界级产业集群构建了较为完善的产业生态，形成了以龙头企业为核心、具有较强自主创新能力的大中小产业集聚区。

从工程机械产业看，2007 年，中联重科、三一重工、山河智能 3 家工程机械类上市公司总市值突破 1000 亿元大关，超过国内其他工程机械类上市公司市值总和。中联重科、三一重工 2 家企业进入世界工程机械 50 强。自 2010 年起，湖南工程机械产业总规模坐上行业“头把交椅”之后，湖南工程机械产值规模已经连续 11 年保持全国第一。2020 年，湖南工程机械总市值约达 2524 亿元，已经占据全国工程机械产业总量的 27%。省内拥有工程机械企业 170 多家，其中，全球前 50 强的企业增长为 4 家，三一重工、中联重科排名前 5，而铁建重工和山河智能位列前 40。在整个工程机械产业链上，湖南有 600 多家配套企业。这种龙头强、规模大的产业链，使湖南在工程机械产品的种类上，拥有 12 大类、100 多小类、近 500 个型号规格的工程机械产品，涵盖了全国工程机械品种的70%。根据有关资料，2021年以工程机械和轨道交通装备为代表的全省装备制造业有规模以上企业5552家，其中大型企业66家，中型企业450家，小微企业5036家。规模以上企业资产合计13 438.9亿元，完成营业收入14 291.7亿元，实现利润690.7亿元，企业数量和市场规模在国内处于领先地位。

从轨道交通装备产业看，株洲地区逐渐构建了具有世界先进水平的现代轨道交通装备产业体系，整车产品线涵盖干线轨道交通、区域轨道交通和城市轨道交通的谱系化运载装备，形成了整车总装、核心部件及配套部件制造与研发的产业链条，重点整车装备本地配套率超过70%。全省汇聚了400多家骨干企业及配套企业，有5家中国中车一级子公司，以及南方最大的货运列车生产企业，是中国中车产业布局最多的区域，产业集聚发展形成新气候。

中小航空发动机及航空航天装备产业竞争优势和政策优势明显。中小航空发动机产业集群主导产品在国内市场占有率达75%以上，其研制的第四代民用涡轴、第三代民用涡桨发动机填补了国内相关领域空白；飞机起降系统技术水平全国领先，并已配套国产大飞机C919，飞机起落架在国内市场占有率达70%以上；航天磁性材料、碳化硅纤维、铝锂合金等航空航天材料以及激光/光纤惯导组件、高精度北斗芯片、机载计算机及显控设备、轻型运动飞机与旋翼机整机研制、商业微小卫星整体研制与测控等多项航空航天技术产品处于国内先进水平，应用于军用第四代飞机、探月工程、载人航天工程等领域，具备构建中小航空发动机及航空航天装备产业集群的创新引领和带动能力。省级层面为强化中小航空发动机及航空航天装备产业链，先后印发《关于大力推进航空航天产业链发展的若干政策措施》《关于支持通用航空产业发展的若干政策》等通知，承办或举办了中国先进技术转化应用大赛"中国航天日"主场活动、"走进中国商飞"、"三航"高层座谈会、首届北斗规模应用国际峰会、湖南（国际）通用航空产业博览会等产业合作专项对接会，2020 年湖南省获批国家首个全域低空空域管理改革试点省份，产业发展政策支撑力度不断加大。

长沙新一代自主安全计算系统集群拥有企业 1400 余家，其中上市公司 15 家，规模以上企业 583 家。形成了包括芯片、整机及终端、基础软件、应用软件、安全服务等在内的完整产业链。2020 年以来，长沙先进计算产业集群先后有 300 多家企业落户，总投资额超过 1400 亿元。中国电子、中国电科、华为、奇安信、三安光电、深信服等一批央企龙头，纷纷在长沙布局子公司和重点项目，形成了以央企龙头为引领、本土企业为支撑的发展格局；拥有各类国家级技术创新载体及平台 70 个，院士工作站 2 个，特别是投资 5000 万元建设的国家网络安全园区（长沙）"四中心"公共服务平台，构建了国内首个要素齐全、功能完备的产业公共服务体系，得到国家工信部高度肯定。

第三节

## 打造世界级产业集群面临的挑战

世界正面临百年未有之大变局，新一轮科技革命和产业变革深度发展，地缘政治冲突加剧，经济全球化面临重大冲击。这对湖南才打造的世界级产业集群带来严峻考验和重大机遇。我们必须认清形势，直面挑战，迎难而上，在危机中育新机，于变局中开新局。

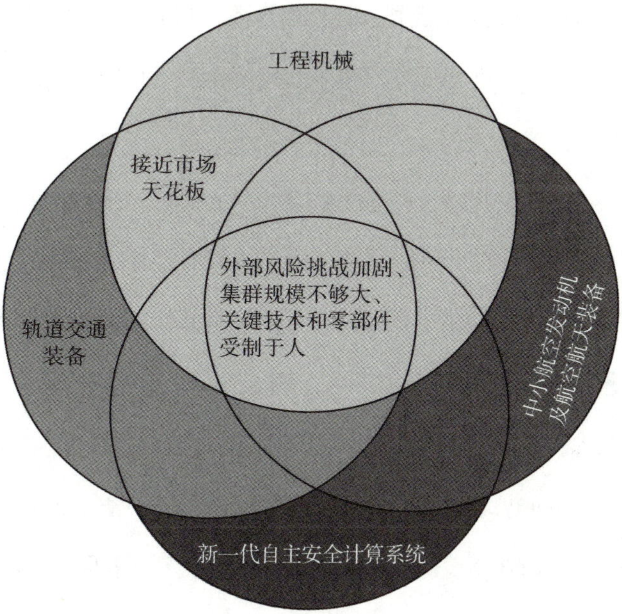


**图 2-2　世界级产业集群面临的共性挑战图**

## 一、外部风险挑战日趋加剧

首先，2020 年新冠疫情出现后，全球经济不确定性增强。尽管各国采取措施应对疫情蔓延，但给经济全球化带来严重影响，生产、贸易、流通、创新各种链条被打断和阻隔，加大了全球经济下行压力。疫后全球经济缓慢复苏，但“疤痕”效应明显存在。

更为严重的是，西方极力遏制打压中国的发展，产业链安全形势严峻。以美国为首的发达国家逆全球化和保护主义猖獗，妄图通过小院高墙、脱钩断链，采取制裁、禁运、断供和封锁等手段遏制中国崛起，美国发动贸易战、科技战、金融战全面围堵中国，全球产业链和供应链遭到重大破坏，国际产业分工、资本流动面临重大风险，首当其冲对中国制造业、对湖南四大产业集群带来重大影响。

此外，制造业周期性特征明显，行业进入内部深度调整时期。以湖南工程机械行业为例，虽然 2021 年湖南机械工业 16 个子行业营业收入均实现了正增长，但增速低于 GDP 增速的全省平均水平，重型矿山机械增速最快，增长了 10.7%，机械基础件增长 4.5%，工程机械增长 3.6%，石化通用机械增长 3.3%，机床工具增长 2.8%，农业机械增长 2.0%，轨道交通装备仅增长 0.6%。总体上我省工程机械及轨道交通装备产业的聚集趋势呈现放缓势头。与此同时，世界工程机械行业的集中化更趋加强，市场面临大洗牌和大集聚趋势，湖南工程机械行业在国际国内市场面临更为激烈的竞争。

## 二、集群规模有待继续扩大

虽然四大产业的发展阶段不同，但要成为世界级产业集群，都面临扩大产业规模进而提升产业集中度、关联度、带动力的问题。

从工程机械市场看，国内工程机械企业与世界领先的工程巨头还有不小的差距。2022 年度全球工程机械制造商 50 强排行榜显示，中国上榜企业总数 10 家，在全球 50 强企业的销售总额中所占份额为 24.2%，美国为 22.9%，日本为 21.2%，瑞典为 10%，德国为 5.7%，韩国为 4.6%，芬兰为 3.2%，英国为 2.6%，法国为 2.0%，意大利为 1.6%，奥地利为 0.9%。而湖南工程机械企业占了 4 席，占全球市场份额的 12.6%，湖南工程机械产业集群的市场占有率，在全球排名的话，仅次于美国和日本，相当于排名全球第三位。但我省上榜的工程机械龙头企业的市场规模总和仍低于美国卡特彼勒这一家企业的市场规模。

与山东青岛轨道交通装备产业集群相比，株洲轨道交通装备世界级产业集群的优势还不明显。青岛实现了集高铁地铁整车生产、轨道交通关键核心系统研发制造、国家基础应用技术协同创新平台于一体的产业集聚区，2020 年，全区轨道交通装

专栏 2-5

### 2022 年全球工程机械企业排名情况

| 序号 | 公司 | 总部所在地 | 工程机械年销售额 | 市场份额 |
|---|---|---|---|---|
| 1 | 卡特彼勒 (Caterpillar) | 美国 | 320.69 亿美元 | 13.8% |
| 2 | 小松 (Komatsu) | 日本 | 253.18 亿美元 | 10.9% |
| 3 | 徐工集团 (XCMG) | 中国 | 181.01 亿美元 | 7.8% |
| 4 | 三一重工 (Sany) | 中国 | 160.48 亿美元 | 6.9% |
| 5 | 约翰迪尔 (John Deere) | 美国 | 113.68 亿美元 | 4.9% |
| 6 | 沃尔沃建筑设备（Volvo） | 瑞典 | 107.21 亿美元 | 4.6% |
| 7 | 中联重科 (Zoomlion) | 中国 | 104.03 亿美元 | 4.5% |
| 8 | 利勃海尔 (Liebherr) | 德国 | 94.66 亿美元 | 4.1% |
| 9 | 日立建机（Hitachi） | 日本 | 88.76 亿美元 | 3.8% |
| 10 | 山特维克（Sandvik） | 瑞典 | 72.72 亿美元 | 3.1% |
| 15 | 柳工（Liugong） | 中国 | 40.55 亿美元 | 1.7% |
| 27 | 龙工 (Lonking) | 中国 | 21.21 亿美元 | 0.9% |
| 32 | 山河智能 (Sunward) | 中国 | 16.72 亿美元 | 0.7% |
| 33 | 山推 (Shantui) | 中国 | 14.19 亿美元 | 0.6% |
| 36 | 铁建重工 (CRCHI) | 中国 | 10.72 亿美元 | 0.5% |
| 40 | 鼎力 (Dingli) | 中国 | 7.64 亿美元 | 0.3% |
| 42 | 福田雷沃 (Lovol) | 中国 | 6.57 亿美元 | 0.3% |

——选编自世界领先的工程信息提供商英国 KHL 发布的 2022 年全球工程机械制造商 50 强排行榜

备产业全产业链规模突破1100亿元。2021年，青岛轨道交通装备产业集群成功入选国家首批战略性新兴产业集群和全国先进制造业集群。青岛建立的“管委会+科创中心”模式，轨道交通车辆系统集成国家工程实验室、高速磁浮实验中心、高速磁浮试制中心等3个平台，搭建培育“研发园区”，已吸引中车工业研究院、北京航空材料研究院等10余所知名高端科研机构、国内外21名高端智库专家入驻，全区集聚核心配套企业220家，产业链相关企业超千家，生产的高铁动车累计占全国运营动车组的60%以上、地铁车辆的25%以上，检验检测等延伸产业产值占比达40%以上。

专栏2-6

**业界对航空产业市场空间的预测**

业界预测到2026年，航空业将会创造5000万个就业机会和3.6万亿美元的生产总值。

据波音与空客市场预测，2016—2035年世界将新增3.3万至3.96万架飞机，总价值约5.2万亿至5.93万亿美元；未来20年中国将需要总价值达1.025万亿美元的新飞机，约新增商用飞机需求8600架，市场价值约达1.4万亿美元。

——选编自牛津经济研究所2009年《航空业：连接现实世界的全球网络》报告

## 三、关键技术和核心零部件受制于人

虽然湖南世界级产业集群的自主创新能力较强，零部件配套的国产化率取得了长足的进步，但关键技术和核心零部件的国产化依然是需要加快突破的问题。从湖南工程机械产业来看，产业链供应链的短板在于核心零部件的本地配套水平还不高，而占总量不到 5% 的关键核心零部件，大约占据了全行业 70% 的利润。例如，核心液压件的盈利水平远远高于整机产品，20—22 吨的中型挖掘机，液压元件的采购成本几乎占到整个挖掘机成本的 30%；铁建重工掘进机整机中数量占比约 5% 的进口零部件，价值占整机价格的 15%。根据长沙工程机械行业协会统计数据，2019 年全年我省工程机械零部件配套总金额约 1025.37 亿元，而我省工程机械总产值约 2000 亿元，零整比约为 1 ∶ 2。从关键零部件本地配套看，省内关键零部件的本地配套率低于 30%，大幅低于国际同业 40% 的平均水平。

省内的配套零部件所占的比例不高，显示集群的集聚效应未能充分发挥。工程机械行业的省内配套总金额为 329.93 亿元，占总量的 32.2%；省外配套总金额为 695.45 亿元，占 67.8%；市内配套总金额为 166.98 亿元，占 16.3%。从龙头企业省外配套比例看，中联重科为 47.9%，三一集团为 80%，铁建重工为 67.7%，山河智能为 50%，星邦重工为 52.7%，中冶长天为 35.7%。湖南本地配套企业的规模较小。据对工程机械配套园区的调研，宁乡高新区园区有规模以上工程机械配套企业 55 家，2019 年实现产值 122.95 亿元，总税收 2.11 亿元，平均单家企业产值仅 2 亿多元，平均税收不到 400 万元。除星沙机床和万鑫精工等企业外，大部分企业产值规模在 1 亿元以下。

从产业价值链看，装备制造只占据轨道交通产业整个价值链的 15% 至 20%。拿地铁来说，前端设计、项目施工，后端运营、维保、培训，是“微笑曲线”的两端，乃产业大头。要实现轨道交通产业做大做优做强目标，需要形成一批具有较强全球资源配置能力的世界一流企业。湖南轨道交通产业集群重点在生产和制造领域，工程设计建设总承包方面还存在一定的不足。

我省航空航天产业加快发展的进程中，掌握关键核心技术的能力滞后于产业发展的需要。根据《湖南省打造国家重要先进制造业高地“十四五”发展规划》，我省通航制造业发展存在着两大问题。一是产业协同创新不足、核心技术和基础能力短板制约明显。企业创新共享、技术标准互通不足，基础材料、精密加工、检测试航认证等关键技术存在短板，分系统和整机关键技术指标与国外领先水平尚有差距。二是产业深度融合不足、产业链耦合不紧密，尚未形成拥有核心竞争力的优势配套企业集群。此外，由于军工行业的特殊性，配套企业数量不多，存在整机制造牵引、轻量化研制能力有待加强、适航认证能力存在欠缺等装备制造共性短板；集群内面临产品配套体系不健全、民航配套市场发展不充分、基础材料支撑不足特别是关键零部件和高性能材料供等薄弱等问题。

芯片是先进计算产业领域的关键零部件，高端芯片的“卡脖子”状况严重影响整个产业链的健康发展。我省 CPU（中央处理器）、GPU（图形处理器）的技术水平相对国外还有 5 年以上差距，在核心 IP（此处指集成电路设计中的知识产权组件）、EDA（电子设计自动化）设计工具、FPGA（现场可编程门列阵）仿真验证系统与国外先进水平有较大的差距，高端领域几乎被国外垄断。贸易战以来，美国已将长沙多家企业、机构列入实体清单，导致芯片加工采购相关研发设备和开发工具受阻，如 2022 年湖南大学采购研发设备的交货期从 6 个月拉长到 14 个月；景嘉微自 2021 年 12 月被列入实体清单后无法采购到 EDA 工具软件和 IP；飞腾也因服务器芯片在台积电流片，导致服务器端 S2500 缺货。

第 3 章

# 湖南打造世界级产业集群的总体部署

将工程机械、轨道交通装备、中小航空发动机、新一代自主安全计算系统4个国家先进制造业集群打造成为具有国际竞争力的世界级先进制造业集群。

——中国共产党湖南省第十二届六次全会《决议》

湖南作为我国中部地区重要增长极，在国家发展大局中具有重要战略地位。2024 年 3 月，习近平总书记在长沙主持召开新时代推动中部地区崛起座谈会时勉励湖南“在打造‘三个高地’上持续用力、在推动中部地区崛起和长江经济带发展中奋勇争先”。当前，湖南制造业发展正处在由大变强的重要关口，大力推动工程机械、先进轨道交通装备、中小航空发动机、新一代自主安全计算系统等 4 个国家级产业集群加快向世界级产业集群跃升，是湖南实现“三高四新”美好蓝图的战略之举。

## 第一节

## 打造全球领先的工程机械产业集群

工程机械是制造业的重要组成部分，是改变世界的重要力量。湖南是中国规模最大、实力最强、技术水平最先进的工程机械研发制造基地，在世界工程机械产销领域具有重要影响力，湖南再接再厉打造全球领先的工程机械产业集群其时已至，其势已成。

## 一、战略目标

建成国际一流的工程机械研发中心和“智造”中心，全国最大的工程机械制造产业高地，全国功能最强的工程机械产业服务中心，集群规模稳居全国首位。到 2035 年，全面建成核心技术引领产业变革方向、全球资源交汇集聚、产业规模全球领先的世界级工程机械产业集群（表 3-1）。

## 二、产业布局

着力构建“一体两翼多向延伸”的产业形态布局。以工程机械整机制造为主体，重点发展高品质智能化混凝土机械等八大类产品。以配套产业和相关服务业为两翼，大力发展零部件产业和材料产业。加快发展检验检测、租赁、金融、物流、维修等生产性服务业，推动业务向港口装备、风电等多个领域延伸。着重突破高端底盘、大功率发动机、高可靠液压传动技术等基础零部件、基础材料与基础技术发展，加快补齐产业发展短板。

**表 3-1 湖南省工程机械产业集群发展目标**

| 类别 | 发展目标 |
| --- | --- |
| 产业规模 | 全省工程机械产业规模稳步增长，主要指标增速保持全国第一，并逐步提升至全球领先地位。新能源工程机械产值占工程机械总产值比重提高。培育数家千亿级企业（集团）、百亿级企业和世界（财富）500 强企业 |
| 创新能力 | 规模以上企业研发经费占营业收入比重稳步提升，创建国家工程机械制造业创新中心，突破一批具有自主知识产权的关键核心技术，参与制订、修定一批国际标准，涌现一批填补国内空白、具有世界级影响力的创新成果 |
| 产业协同 | 培育数家大型配套企业，新增国家级专精特新“小巨人”企业，建成湖南零部件配套产业园和国际模具产业园。打造世界级产业集群促进机构，产业协同发展水平大幅提高 |
| 开放合作 | 打造若干个各具特色、优势互补、结构合理的特色产业集聚区，全省工程机械“一核三极多点”格局更加巩固。长沙国际工程机械展成为全球前三的工程机械展会；建成集群海外服务中心；工程机械二手设备出口试点取得突破；产品国际品牌影响力显著增强，行业海外市场收入占比显著提高 |
| 智能绿色 | 建设数家省级以上智能制造标杆企业和省级以上智能制造标杆车间，建成若干个主机及配套领域“灯塔工厂”，数字技术全面赋能产业发展，数字化改造、网络化协同、智能化升级、个性化定制、服务化延伸等新模式新业态广泛普及。新增省级以上绿色工厂，绿色低碳发展成效显著 |

### 三、空间布局

加快完善“一核三极多点”的集群发展布局。以长沙为核心引领，发挥集群促进组织“织网人”作用，大力推进主机企业智能化、绿色化、国际化发展，加快向产业链上下游扩展延伸；优化发展湘潭、娄底、常德增长极，培育发展株洲、益阳、岳阳、邵阳、郴州、衡阳、怀化等多个新增长点。

核心园区：长沙经开区、长沙高新区。

## 第二节

## 打造世界一流的轨道交通装备产业集群

先进轨道交通装备是中国制造的响亮名片，也是湖南工业的优势产业。打造世界一流的轨道交通装备产业集群，既是创建国家重要先进制造业高地的重要支撑，也是推动经济高质量发展的重要力量。

### 一、战略目标

按照“产品高端化、要素国际化、市场全球化、技术自主化”的思路，以建设世界级轨道交通装备产业集群为目标，推动关键技术突破，加快产品谱系拓展，延伸产业链条，促进产业转型升级，推进产业基础高级化、产业链现代化，增强产业链、供应链稳定性和安全性，着力打造具有国际先进水平的现代轨道交通装备产业体系。集群规模显著提升，建成世界领先的轨道交通装备制造基地和具有国际竞争力的研发中心，全国最重要的轨道交通装备制造中心，全国最大的轨道交通装备产业服务中心，基本建成世界级轨道交通装备产业集群。到 2035 年，集群规模达到 8000 亿元左右，全面建成集群规模全球领先、制造能力国际一流、核心技术引领产业变革方向、全球资源交汇集聚的世界级轨道交通装备产业集群（表 3-2）。

## 二、产业布局

以整车制造为引领，拓展适应干线铁路、城际铁路、市域（郊）铁路和城市轨道交通新需求的谱系化运载装备。以核心部件和关键系统为发展核心，加快轮毂永磁直驱牵引电机、动力型超级电容器件及传感器、轨道交通直驱式永磁同步传动系统等关键零部件的研发攻关，提升产业配套能力。

**表 3-2　湖南省先进轨道交通装备产业集群发展目标**

| 类　别 | 发展目标 |
| --- | --- |
| 产业规模 | 轨道交通装备产业保持快速增长，配套能力进一步加强，“路外”业务板块逐步齐全，轨道交通装备产业集群规模、服务型制造业占比、核心产品市场占有率显著提升，成为市场“领导者” |
| 创新能力 | 集群核心企业平均研发投入强度不断提升，形成具有持续创新能力的产业协同创新体系，建好国家先进轨道交通装备创新体系，打造国家级工业设计研究院、国家级产品检测认证平台等一批国际领先的产业创新平台 |
| | 轨道交通装备标准化体系进一步健全，推动企业标准向行业标准、国家标准、国际标准转化，主导国际标准制定、修订，培育一批标准制定的“领跑者” |
| 品牌影响 | 梯度培育数家500亿企业、300亿企业和百亿企业，形成一批具有较强全球资源配置能力的世界一流企业。聚集一大批协作能力强的专精特新“小巨人”、单项冠军配套企业，产品质量达到国际同类产品先进水平，具有较高国际知名度和影响力 |
| 产业生态 | 形成以轨道交通装备整车及整车关键系统企业为核心，以轨道交通施工装备及大中型整车配套企业为骨干，一批中小微配套企业为支撑，与设计、物流、检测等生产性服务企业相融合的轨道交通装备产业体系，形成区域协调、产业协同、企业协作的良好发展态势 |
| 开放融合 | 各类资源要素流动更加便捷高效，集群优势互补、紧密协作、联动发展水平不断提升。集群更加开放，集聚和配置全球智慧和资源，全面参与全球产业分工合作，深度融入全球价值链和供应链 |

## 三、空间布局

以国家先进轨道交通装备创新中心和株洲国联轨道交通产业服务中心为支撑，加快国家级轨道交通装备检验检测认证机构、行业工业互联网平台建设，创建国家级工业设计研究院。强化区域产业错位发展、协同联动，形成“一核集聚、一极支撑、多点联动”的集群发展布局。发挥株洲在轨道交通装备产业发展底蕴深、产业集聚度高、产品谱系全、创新能力强的优势，集聚发展先进轨道交通整车装备、核心部件和关键系统，建设世界级轨道交通装备产业集群核心集聚区。发挥长沙在轨道交通施工装备、城市轨道交通建设运营、科技教育等方面的优势，打造我省轨道交通装备集群重要增长极。突显其他市州轨道交通产业特色，推进区域协同，形成多点发力的联动效应。

核心园区：株洲高新区、长沙经开区、长沙高新区。

## 第三节

# 打造具有国际影响力的中小航空发动机及航空航天装备产业集群

航空发动机是“工业皇冠上的明珠”，是一个国家和地区工业能力、科技能力、军事实力、综合国力的集中体现。湖南打造具有国际影响力的中小航空发动机及航空航天装备产业集群，是湖南深入落实制造强国、航天强国、航空强国、交通强国战略，加快现代化新湖南建设、实现“三高四新”美好蓝图的重要贡献。

### 一、战略目标

航空航天产业基础能力和产业链现代化水平进一步提高，产业高端化、智能化、绿色化、服务化、自主化水平不断提升，产业核心竞争力显著增强，产业发展机制更为完善。打造世界一流的中小航空发动机产业集群和全国一流的航空航天配套及集成产业基地、民用飞机配套产业基地、北斗卫星导航产业创新引领区、通航产业综合应用区，世界级中小航空发动机及航空航天装备产业集群建设架构基本形成，进一步构建航空航天产业高质量发展格局。

到2035年，全省航空航天产业链、创新链、资金链、人才链、政策链更为融通，产业布局优化科学，现代产业生态体系基本形成，重点领域具备对标世界航空航天产业的技术、生产、保障等产业核心竞争力，基本建成集群规模世界一流、制造能力国际一流、核心技术自立自强、全球资源交汇集聚的世界级中小航空发动机及航空航天装备产业集群，集群规模达到5000亿元左右，形成航空航天产业高质量发展格局（表3–3）。

## 二、产业布局

坚持高端突破、链条延伸、系统集成，集中优势资源推进中小航空发动机关键技术和产业链关键环节攻关，积极向通航整机和运营服务等上下游延伸，重点推进中小型航空发动机研发制造，大力发展通用航空整机制造，逐步形成多系列中小型直升机等整机集成能力，积极发展航空发动机零部件、新材料及航空运营等航空配套产业。加快构建“材料、芯片、天线、模块、终端、测试、监测、解决方案”完整的北斗卫星应用系统产业链，推进北斗授时、导航对抗等技术产业化。

**表 3-3　湖南省中小航空发动机及航空航天装备产业集群发展目标**

| 类别 | 发展目标 |
| --- | --- |
| 产业竞争水平 | 全省航空航天制造业营业收入提高，中小航空发动机、飞机起落架系统、机轮刹车系统国内市场占有率提升，形成若干航空航天制造品牌产品，航空航天产业主导产品制造配套能力显著提升 |
| 创新能力 | 航空航天制造企业研发经费投入占比提升，形成一批国家级和省级重点实验室、工程技术（研究）中心、企业技术中心、产业创新联盟（中心）等创新平台，发明专利申请量增速超过省内制造业平均水平，科技成果转化能力显著提升，在优势领域形成一批世界一流、国内领先的自主创新成果 |
| 产业结构 | 区域布局更为优化，培育若干航空航天制造重点产业集群。梯度培育数家主营业务收入过 100 亿元、50 亿元、20 亿元、10 亿元企业。中小航空发动机国内领先地位进一步巩固，发动机、整机型号谱系进一步拓宽 |
| 转型升级 | 航空航天产业高端化发展能力不断提升，形成一批技术创新、业态创新、品牌创新成果。数字化、网络化、智能化发展水平不断提高，打造一批智能制造标杆企业、标杆车间。产业绿色化、服务化发展成效显著，企业进一步节能减排，服务化转型取得突破，航空航天产业自主安全可控能力进一步增强 |

### 三、空间布局

以深化推进全域低空空域管理改革试点为契机，不断优化和提升中小航空发动机和通航整机研发制造能力，支持株洲航空城、北斗产业园建设，打造国内一流的航空产业示范园，加快构建以株洲、长沙为核心牵引区，岳阳、湘潭、娄底、常德、郴州协同配合的“双核多点”的集群发展布局。

核心园区：株洲高新区、长沙高新区。

## 第四节

## 打造具有国际竞争力的新一代自主安全计算系统集群

电子信息产业在全球经济中占据重要地位，是科技创新的主要驱动力和推动经济社会发展的关键因素，也是维护国家政治经济安全的重要领域。打造自主可控的计算系统，是我国信息化建设的关键环节，是强国建设的战略之举。湖南打造具有国际竞争力的新一代自主安全计算系统集群，既是加快形成新质生产力的重要举措，也是湖南守护国家产业和信息战略安全、构建更稳健的双循环格局的重大使命。

## 一、战略目标

瞄准世界先进水平，结合自身发展实际，新一代自主安全计算系统集群在产业规模、技术创新、产业链安全及生态建设等方面在国内领先，“两芯一生态”（“两芯”指鲲鹏 CPU 和飞腾 CPU，“一生态”指基于这些 CPU 的麒麟操作系统生态）技术体系逐步发展成为自主安全计算中国解决方案，并在世界范围内应用和推广（表 3-4）。

**表 3-4　湖南省新一代自主安全计算系统集群发展目标**

| 类别 | 发展目标 |
| --- | --- |
| 产业规模 | 集群产业规模得到大幅度提升，年均增速超过同行业全国平均水平，集群主导产业市场占有率提高，占据自主安全计算产业市场主导地位。重点产品和技术持续销往海外，逐步打开国际市场 |
| 创新能力 | “两芯一生态”技术体系逐步完善，高能级创新主体、创新平台加快集聚，攻克一批“卡脖子”关键核心技术，关键技术体系与国外主流技术体系差距明显缩小，持续面向国内输出自主计算技术服务并尝试向海外拓展 |
| 产业生态 | “两芯一生态”技术体系发展成为“中国路线”并推向全球，引培高层次人才水平不断提升，持续完善集群公共服务体系，充分发挥工业互联网作用，高标准建设新型信息基础设施，形成产学研用协同创新体系，补齐产业链缺失环节，推动上中下游企业高度集聚，产业链条健康发展，产业生态构建取得显著成效 |
| 集群治理 | 集群发展促进组织有效运行，集群和核心承载园区的综合服务水平显著提高，搭建完成集群信息化服务系统。集群发展促进组织成为全国有影响力的先进制造业集群发展促进组织，政府、企业、科研院所与集群发展促进组织、行业商协会、联盟、新型产业链共同体等集群社会组织形成长期合作互利、自我调节发展的良性循环机制 |

## 二、产业布局

按照“推进供给侧结构性改革，依托重大项目引进，坚持应用需求牵引，完善区域布局联动”的总体思想，围绕“两芯一生态”，坚持“Arm+Linux”生态体系，加强计算产业链自主配套和能级跃升，构建先进计算新平台、新系统和特色应用场景，打造三千亿级先进计算产业集群，推动新一代自主安全计算系统集群向世界级先进制造业集群迈进。

## 三、空间布局

支持长沙打造中部地区先进计算产业核心集聚区、计算多场景融合应用创新先导区、“智赋万企”辐射中心区、自主计算生态引领区，加快完善湖南计算“1+4”布局（“1”：新一代自主安全计算系统集群；“4”：国家网络安全产业园区、国家级车联网先导区、国家人工智能创新应用先导区、工业互联网创新发展示范区等 4 个园区）。

第4章

# 加速产业集群的规模化发展

深入推进“八大工程”，创建国家制造业高质量发展试验区，打造一批世界领先的产业集群、具有全球竞争力的领军企业、具有国际影响力的品牌产品、具有全国先进水平的产业园区。

——中国共产党湖南省第十二次代表大会报告

进入“十四五”时期，培育发展先进制造业集群已成为我国推动经济高质量发展、培育壮大实体经济、建设现代化产业体系的重要抓手。湖南加速产业集群的规模化发展，要从打造一批航母舰队集群、建设一批高集聚化专业园区、实施延链补链强链三大行动、大力发展集群促进组织等四个方面着手，努力走出一条具有湖南特色的世界一流产业集群规模化建设之路。

## 第一节

## 打造一批航母舰队集群

中央全面深化改革委员会第二十四次会议明确提出，加快建设一批产品卓越、品牌卓著、创新领先、治理现代的世界一流企业。对于湖南来说，建设世界级产业，必须打造一批航母舰队集群。

## 一、做强集群龙头企业

一个产业发展的水平，集中体现在龙头企业上。没有龙头企业的创造和突破，就没有整个产业发展水平的跃升。

实施优质企业培育行动。鼓励世界级产业集群中的领军企业，如山河智能、中联重科、三一重工、中车株机、中国航发湖南动力机械研究所、中国航发南方工业有限公司等，持续提升产业集中度和带动力，采取跨地区、跨行业等方式开展兼并重组，打造一批大企业集团，力争形成一批新“全球500强”企业、“中国制造业100强”企业。

打造具有国际影响力的“链主”企业。围绕产业优势集群领域，打造一批如三一集团一样具有国际影响力的“链主”企业，支持集群龙头企业优先纳入“链主”企业培育库。支持“准链主”企业强化产业链供应链地位，增强对上下游资源的整合能力。针对三类产业链的不同特点，分类开展“链主”企业遴选和培育工作，建立定量定性相结合的遴选标准体系，形成“链主”企业示范库、培育库、候选库。发挥“链主”企业的主引擎作用，实现“一个‘链主’企业引领带动一条产业链发展”的良好格局。

专栏 4-1

### “链长”赋能“链企”，掌握独门绝技

九方装备，曾是一家传统制造企业，但技术储备充足，试制出弹性车轮是其向先进制造企业转型的重要目标。攻关过程中，企业消耗的大量轮箍、轮芯、压环、橡胶等材料装满了一个100平方米的仓库，最终拿出首款国产弹性车轮。要保证产品的可靠性，必须有专业化的试验能力。在中国中车的技术支持下，又经过两年攻关，九方装备研发了一套低噪弹性车轮的试验测试方法及新设备，建设完成我国首台（套）自主化设计生产的滚动疲劳试验台。得益于这家“链企”的国产化替代，中国中车提前两个月交付首批蒙特雷轻轨列车。中国中车是我国轨道交通装备唯一一家产业化集团，业务范围涵盖铁路机车车辆、动车组、城市轨道交通车辆、工程机械、各类机电设备、电子设备及零部件，产业链主要企业6900余家。

——选编自新华网，2023年7月25日

推动集群内企业融通发展。积极支持工程机械、轨道交通装备、中小航空发动机、新一代自主安全计算系统集群内大中小企

业融通发展、服务业与制造业有机结合，建立331厂、608所、572厂、景嘉微等相关重点企业和后备企业动态信息台账，实施政策、市场、资源等精准扶持，鼓励制造、电信、软件等企业跨界合作，发展网络化协同研发制造、大规模个性化定制、服务型制造等新模式。让集群内大中小企业在区域内集群式融通发展，构建产业生态，进而带动全省、全国的发展，在全球市场发挥竞争优势。

## 二、做多集群单项冠军企业

制造业单项冠军企业是指长期专注于制造业某些特定细分产品市场，生产技术或工艺国际领先，单项产品市场占有率位居全球前列的企业。中国工业经济联合会发布的《中国制造业单项冠军研究报告》的数据显示，前五批制造业单项冠军企业利润率为7%至12%，远超3%至5%的制造业平均水平；平均研发强度和研发机构拥有率分别是全国规模以上工业企业平均水平的5倍和7倍。单项冠军企业为制造业企业树立起高质量发展的“风向标”。

建强单项冠军企业方阵。遴选储备一批掌握核心技术、市场占有率高的“准单项冠军”企业，建立分类分级、动态跟踪的梯度培育清单和培育库，实行“一企一策”，提供定制式政策支持。引导企业做精做专细分市场，在专业市场建设等方面，健全政企联动的市场监测和政策供给体系，鼓励企业成为细分领域主力军。实施科技型中小企业梯度培育和“智团创业”计划，支持“创二代”、留学生、科技人员等创业创新，集中资源培育单项冠军“苗子”，对列入国家省市单项冠军示范和培育企业的，给予高额奖励。研究出台湖南单项冠军企业增资扩产和技改优先政策，依托产业链建立“智造联盟”，打造单项冠军企业、单项冠军企业集群和航母编队型企业。

强化单项冠军企业带动能力。建立标志性产业链培育清单，出台重要领域单项冠军企业、产品、产业链培育专项政策，实施“关键核心技术—材料—零件—部件—整件—系统集成”和“关键核心技术—产品—企业—产业链—产业集群”的全过程培育，整体提升产业能级。以我省四大产业等单项冠军企业为主体，聚焦产业链上下游关键环节，通过技术支持、人才支援、市场带动，孵化一批新的单项冠军企业。

## 三、做精集群专精特新“小巨人”企业

专精特新“小巨人”企业主要指那些集中于新一代信息技术、高端装备制造、新能源、新材料、生物医药等中高端产业领域的尚处发展早期的小型企业。它们通常都是企业中的佼佼者，是专注于细分市场、创新能力强、市场占有率高、掌握关键核心技术、质量效益优的排头兵企业。2023 年，工信部第五批专精特新“小巨人”企业名单公示，湖南 116 家企业入选。

专栏 4-2

## 湖南国家级制造业单项冠军企业中部第一

近日，工信部公布第八批国家级制造业单项冠军企业名单，湖南 24 家企业上榜，获评数量位居全国第 5、中部第 1。目前，全省累计拥有单项冠军企业 72 家，数量居全国第 6、中部第 1。国家级制造业单项冠军企业评定标准严苛，要求企业长期专注于制造业特定细分领域，生产技术或工艺水平国际先进，单项产品（生产性服务）市场占有率位居全球前列。此次我省获评的 24 家企业，分布在装备制造、石化、电子信息等我省优势产业和传统产业，在细分领域具备领先优势。其中 18 家企业单项产品市场占有率全球第一，占获评总数的 75%。从分布区域看，24 家企业主要分布在长株潭地区，占比达 70.8%。其中株洲获评 9 家单项冠军，位列全省第一。永州、邵阳和怀化 3 市实现“零”的突破，各培育 1 家单项冠军企业。近年来，湖南建立梯度培育体系，建立优质企业培育库，分层分类支持企业高质量发展。本次新获评单项冠军企业中，国家级专精特新“小巨人”企业和省级制造业单项冠军企业占大多数，共有 22 家，后备梯队成功升级比例达 92%。

——选编自湖南省人民政府门户网，2024 年 5 月 2 日加强孵化提升。遴选和支持一批省级及以上中小企业公共服务示范平台和核心服务机构，对四大产业集群中相关国家级和省级专精特新“小巨人”企业提供“点对点”的技术创新、上市辅导、投融资、数字化应用、工业设计等专业服务。鼓励其参加“创客中国”中小微企业创新创业大赛和数字经济领域专业大赛，支持、培育集群中的一批专精特新“小巨人”企业“双创”优秀项目和优秀团队。引导集群中专精特新“小巨人”企业参加各类大型专业展会，加快参与国内国际双循环。

加强融资促进。推动金融机构为四大产业集群中相关专精特新“小巨人”企业提供普惠性、创新性金融产品和服务，完善集群中相关专精特新“小巨人”企业融资促进方案，加大融资支持力度。积极促进银企精准对接，优先推荐集群中相关专精特新“小巨人”企业纳入全省制造业产融合作“白名单”。大力支持集群中专精特新“小巨人”企业登陆主板、科创板、新三板、区域性股权市场等专业资本市场。

完善动态管理。对四大产业集群相关省级专精特新“小巨人”企业实行定期调度制度，跟踪集群中专精特新“小巨人”企业的发展动态和企业成长等情况。每年在四大产业集群领域，组织遴选一批专精特新“小巨人”企业典型发展案例，为全省中小企业专精特新发展树立标杆。严格按照省级专精特新“小巨人”企业3年有效期条件，对其实行动态管理。认定有效期到期后，企业按照培育条件和申报要求申报复核，不符合条件或未提交申请材料的企业将被移出省级专精特新“小巨人”企业名单。

第 二 节

# 建设一批高集聚化专业园区

产业园区是产业集群规模化的重要载体，是四大产业集群建设的主阵地，在推动经济高质量发展中发挥关键作用。

## 一、深化园区分工协作

严格按照工程机械专业园区确立的“一核三极多点”空间规划，轨道交通装备专业园区确立的“一核一极多点”空间规划，中小航空发动机专业园区确立的“双核多点”空间规划，新一代自主安全计算系统确定的“1+4”空间规划，推动产业布局落地见效。大力实施“园区提质”行动，加快构建主导产业突出、特色产业鲜明、专业分工合理、配套功能完善、管理运营高效的园区发展格局。

抓好主配产业园协同发展。以我省四大产业布局为基础，以零部件配套项目为支撑，以差异化专业化为特征，建设专业化零部件配套产业园，实现配套资源优化配置。加强工程机械产业集群协作能力，促进政府、主机企业、配套企业、第三方促进机构和专业服务机构开展多边联系、互利合作，提升产业集群整体效益。促进行业各主体在产业链、创新链和价值链中形成专业化分工，促进主机和配套企业整合同型号、同规格产品供应链，实现通用零部件配套共享，避免同质化竞争和重复投入浪费资源。

建设一批特色产业园区。以“五好”园区建设为契机，坚持“精准定位、突出特色、突出重点、集聚强链、健全机制、精准调控”的基本原则，统筹考虑各园区产业发展基础和资源禀赋条件，聚焦产业细分领域，突出差异化发展，精准定位园区主导产业和特色产业，推动园区产业向“专精特优”方向发展，推动优势资源和优质企业向符合产业布局要求的园区集聚，打造具有全球影响力的特色产业集聚区，如中小航空发动机产业园区，加快发展董家塅高科园、长沙高新区、望城经开区、中电软件园、湖南城陵矶新港区、郴州通航产业园等专业化园区，积极引导湘潭、岳阳、常德、娄底等地市产业聚集入园。发展专业化基地，承接总装制造、技术成果产业化项目，提高园区产业服务水平，健全产业基础设施、人才引进、咨询服务、政策指导、展会服务、投融资等公共服务体系。重点发展壮大中小航空发动机产业基地、先进飞机起降系统科研生产基地、北斗地面设备制造及应用产业基地、北斗卫星示范应用产业基地等特色产业基地，提高创新水平和产业发展质量，提升国内影响力，形成10个左右标志性特色产业基地（园区）。

## 二、促进园区空间集聚

产业集聚，就是指相同、相关、相连的产业在特定地理区域的高度集中、产业资本要素在特定空间范围的不断汇聚。我省四大产业形成了具有世界先进水平的现代产业体系，集聚发展形成新态势。全省工程机械主机企业及配套企业600多家，产业规模全国第一。全省轨道交通装备产业园区汇聚了400多家骨干企业及配套企业，有5家中国中车一级子公司，以及南方最大的货运列车生产企业，是中国中车产业布局最多的区域。中小航空发动机产业集群规模和竞争力全国第一。新一代自主安全计算系统是全国45个国家级先进制造业集群中唯一的“计算产业”集群，长沙成为全国唯一能够实现核心芯片全类型国产自主设计的城市，“六机七芯”产品市场占有率稳居全国第一。

完善园区产业集群的软硬环境。注重改善园区基础设施，为产业集聚创造良好的运营环境；创新制度体系，为产业集聚提供有效的制度保障；加强政策引导，为产业集聚提供必要的财税支持；完善园区共性平台建设，服务产业集聚。着力完善产业集聚公共服务体系，打造公共服务平台，加强对整个行业、整个产业和企业的指导、协调和服务，通过转变政府职能、提高机关效能、完善基础设施等来营造产业集群发展的软硬件环境。如在工程机械专业园区集中配置加工工序链和公共加工中心、工程实验平台、检测中心，支持企业开放加工平台，打造高水平加工工序链和公共加工中心，提升工程机械精加工水平，降低加工成本。

推动园区产业集聚区发展。结合时代和产业发展新趋势，通过搭建融资服务平台、数字化企业服务平台等，在促进产业集聚过程中的技术外溢、资源共享的同时，充分发挥公共服务平台在促进企业发展、增强企业效能、整合创新要素、提高创新能力方面的作用，使集聚区内的企业获得比分散布局的企业更为有利的服务及外部经济效应，从而推动产业集聚区持续健康发展。

## 第三节

## 实施延链补链强链三大行动

深入实施四大产业“链长制”，坚持“一链一策”，积极推进延链补链强链三大行动，通过横向和纵向跨企业合作与融合，聚力打造湖南世界级产业集群。

### 一、实施延链行动，做优细化下游产品

产业深化必须延伸产业链，发掘后端的价值链，做优细化下游产品。

工程机械的下游应用十分广阔，主要应用于房地产、基础设施建设以及采矿业等领域（图 4–1）。及时关注和跟踪下游产业的发展趋势和动态，围绕市场需求，做优下游产品。鼓励和支持三一重工、中联重科等企业积极布局智能工程机械领域，为用户提供高质量、高效率、高可靠性的工程机械产品和高效、智能的解决方案。加强相关的基建类工程机械设备的智能化升级，构建设备信息化管理模式，将信息技术有效融入产业链条，最大程度提高机械设备管理的质效水平。

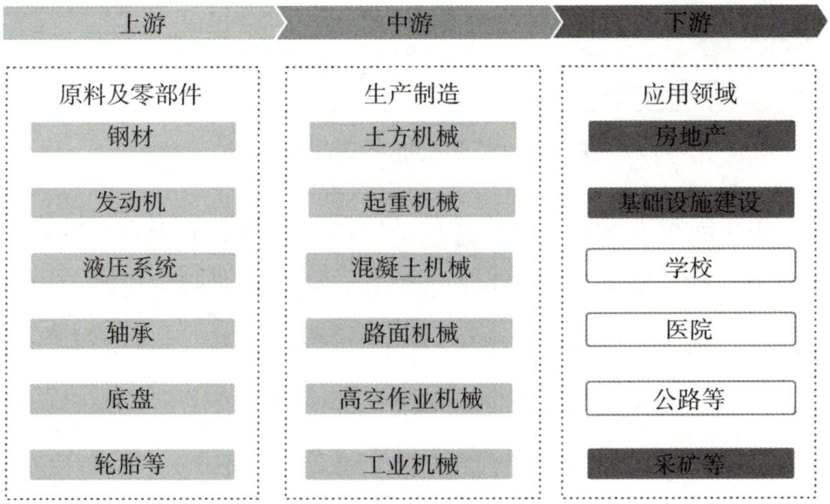


**图 4–1 工程机械产业链图**

轨道交通装备领域要推动装备制造企业向总承包商转变（图 4–2）。促进中车株机等从制造业向产业链下端延伸，拓展运营维保、培训等综合业务。运营维保服务产业覆盖轨道交通线路的全生命周期。随着轨道交通运营线路里程的持续增长，运营维保服务后市场无论是存量还是增量业务，都具有稳定性和可持续性，其中整线运营维保服务是运营维保后市场最核心、体量最大的产业板块。

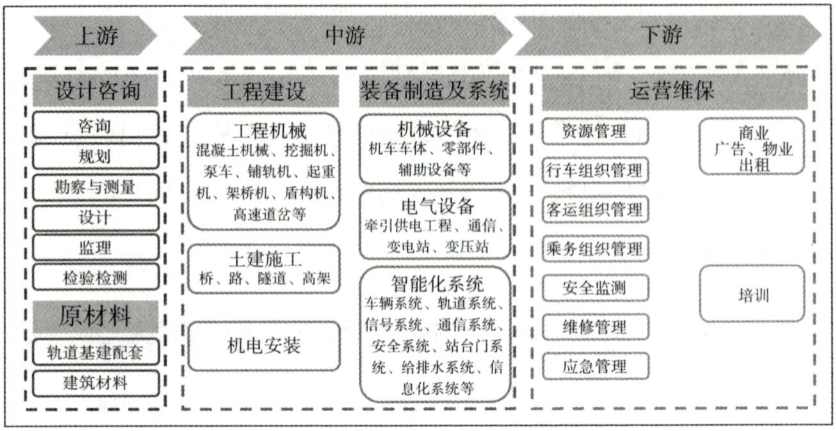


图 4-2　轨道交通装备产业链图

中小航空发动机产业应参照法国图卢兹航空航天谷等世界一流的产业链发展经验，延长产业链条，拓展我省最有优势的中小型航空发动机产业链全链条。坚持以重要企业、主力产业为基础，以航空航天实力雄厚企业和著名企业为主，有目的地吸引在产业链中不可或缺的企业，将总体产业链拉长拉宽，推动企业抱团成链、集群集聚发展。

新一代自主安全计算系统注重发挥“两芯一生态”的品牌效应，通过省内研究端、应用端、集群促进组织、政府等多方共同发力，聚焦信息安全、软件和信息技术服务、网络安全、商用密码等领域，不断迭代技术，提升系统性能，打造更多示范应用场景，实现产品从“可用”到“好用”，推动集群再上规模。加强与长沙工程机械、株洲轨道交通装备、中小航空发动机集群的战略合作，以算力赋能产业集群发展。

## 二、实施补链行动，强化产业链条纽带

产业链上的企业，如散落的珍珠，唯有串珠成链，方能绽放更加璀璨的光彩。

围绕工程机械、轨道交通装备、中小航空发动机、新一代自主安全计算系统四大产业，攻破产业链发展的痛点、堵点、难点，紧盯产业链创新短板，全面查找和弥补产业链缺失的高附加值环节，鼓励龙头企业联合上下游企业、产学研力量创建创新联合体，加快成果转移转化。聚焦“卡链处”“断链点”，积极引进相关海内外知名企业。如工程机械产业，在液压件方面可引进博世力士乐、川崎重工、伊顿、成都阀智宝、恒立液压等国内外知名液压元器件厂来湘设立研发制造中心。

加大对本地配套企业的技术、资金和管理支持，培育一批主营业务突出、成长性好、创新能力强、专注于细分市场的高新技术企业，通过供应链横向、纵向整合，打造一批10亿元级本地配套企业，做强做大本地零部件企业。如基于湖南工程机械配套需求，坚持有技术基础、产业带动性强的核心零部件企业优先发展的原则，瞄准关键基础材料、发动机及配件、液压系统及附件、传动系统、操作及控制系统等开展持续攻关，提高核心零部件配套水平，确保产业链供应链自主可控。

## 三、实施强链行动，搭建深度合作关系

实施强链行动，加大品牌培育力度，引导行业企业在更高水平的开放合作中巩固提升国际竞争力和影响力，成为全球供应链体系中不可或缺的组成部分。

推动四大产业集群区域品牌建设。建立区域品牌联动发展机制，引导集群内企业标准协调、创新协同、业务协作、资源共享，发挥政府、行业、专业机构和企业主体的合力作用。组织重点企业开展品牌诊断、培训讲座、现场交流等活动。统筹组织协调政策资源，培育技术领先、性能优良、效益显著、用户赞誉的轨道交通装备产业集群区域品牌，创建全国知名品牌示范区，推动品牌升级，形成区域产业聚合，提升区域内产业整体发展实力。

提升品牌竞争力。鼓励支持四大产业相关企业、行业协会、专业机构等主导或参与国际、国家、行业标准制定修订，加快制定地方、团体、企业标准，建立覆盖全面、先进适用的标准体系，引领品牌建设。加强标准化基础研究和重要标准攻关，强化生活服务、新兴服务标准研制，推动基础通用和产业共性技术标准优化升级。加强与国际高水平标准对接，鼓励优势企业将具有自主知识产权的核心技术转化为国家标准、国际标准，推动标准“走出去”，提升品牌标准竞争力。

## 第 四 节

# 大力推动集群发展促进组织

集群发展促进组织的组建运营与功能发挥，是集群发展的一项政策创新，也是推进产业治理能力现代化的重要实践。在我省工程机械、轨道交通装备等一批优势特色集群上发展促进组织，可进一步强化集群发展促进组织功能，对助力世界级产业集群规模化发展具有重要意义。

### 一、建设集群发展促进组织

先进制造业集群发展促进组织是介于市场和政府之间的“第三方非营利机构”，为集群代言，为产业服务，是推进对内对外项目协同合作、发展提效的“纽带”和“桥梁”。采取政府引导、自愿组织的方式，探索成立由集群内骨干企业、科研院所、行业协会、金融机构、企业服务平台等相关主体参与的新型、非营利性的集群发展促进组织。创新事业单位、社会团体、社会服务机构等合作模式，推动相关行业协会、商会、联合会和技术创新联盟等实现市场化转型，培育一批具有较强服务能力和资源协调能力的行业协会、产业联盟，积极承担集群发展促进组织功能。

进一步将集群发展促进组织的组建类型拓展到系统解决方案服务商、技术研发与孵化中心等市场化运作的第三方服务机构。突破一个集群只有一个集群发展促进组织的“局限性”，通过探索“1+N”的模式，支持多种类型的集群发展促进组织合力促进集群发展。如中国科学院深圳先进技术研究院是深圳新一代信息通信产业集群的促进机构，以“织网人”身份推动集群发展，在5G、集成电路、新型显示等领域培育超过5家子促进机构，形成“1+N”集群促进体系，目前，共成立超过96家联合实验室，举办各类产业活动，形成成熟的展示交流、联合参展、咨询服务平台。

专栏 4-3

### 长沙市工程机械行业协会

长沙市工程机械行业协会是在党中央、国务院为加快建设制造强国战略部署，培育发展先进制造业集群号召下，为充分整合行业资源，促进行业资源共享、技术共享、信息共享、服务共享，加快工程机械产业建设发展而成立的工程机械产业促进机构。会员单位近200家，涵盖了工程机械全产业链，覆盖行业70%的主机产品类别，聚集了100多家上下游配套企业。协会以“开放合作，携手发展”为宗旨，以“打造世界级工程机械产业集群”为目标，致力于打造具有中国特色的产业促进机构新模式，构建全球工程机械领域的科技创新策源地、高端制造集聚地、合作交流目的地，推动工程机械产业高质量发展。在政府指导、协调、监督下，协会充分发挥促进机构的枢纽作用，统筹协调集群资源，促进集群成员抱团合作交流，实现工程机械产业资源整合及共享，突破工程机械数字化、网络化、智能化“卡脖子”技术瓶颈，突破部分关键核心技术，提升工程机械生产工艺水平，加强工程机械行业标准建立，推进工程机械智能化转型升级，提升工程机械产业核心竞争力。

——选编自长沙市工程机械行业协会官网

## 二、促进集群网络化协作

培育发展先进制造业集群，应创新以自发治理为主、公共治理为辅的集群治理机制，不断优化集群组织网络化结构，增强集群竞争新优势。

促进集群沟通交流。集群发展促进组织作为集群网络的核心节点，可为集群成员提供正式和非正式的信息交流机制，搭建合作对接平台，协调企业各方利益，促进多边联系、互利合作，构建形成“大中小”“产供销”“产学研用”的广泛统一战线。如无锡物联网创新促进中心作为无锡物联网集群发展促进组织，确立“小机构、大合作、产业化”的发展模式，建设物联网集群综合服务平台，围绕智能感知、高性能计算与存储等领域与11家企业共建6个技术创新基地，与10家协会和12家联盟协作联动，促进了集群企业高效对接和合作。

促进集群政企对接。集群发展促进组织作为连接政府与市场的“桥梁”，可以发挥贴近市场的天然优势，协助政府做好集群发展动态跟踪、统计监测和问题反馈，提出集群发展策略和政策建议。如江苏省可再生能源行业协会作为南京新型电力（智能电网）装备集群发展促进组织，利用自身在新型电力装备领域深耕多年的优势，受长三角区域合作发展办公室委托，开展新型电力装备产业链补链固链强链工作，编制《长三角新型电力装备产业链研究报告》，立足南京、辐射江苏、拓展长三角，推动集群开放合作发展。

## 三、实现集群组织自我造血

一个成熟的集群发展促进组织需要有一整套科学合理的市场化运行机制，来实现功能发挥和自身造血。

优化集群发展促进组织结构。引导集群发展促进组织健全法人治理结构，引入职业经理人，组建专职团队，推动事业单位、社会服务机构等“双规”运营。引导集群发展促进组织成员单位转变发展理念和功能定位，面向集群开展集群成员共需的、非排他性的多元化公共服务，搭建创新中心、中试验证基地、共享制造等硬件平台，不断创新服务收益分配机制。依托集群发展促进机构，组织管理升级和供应商评价活动，开展多种形式的主机和配套厂商供需对接，构建具有湖南特色的工程机械、轨道交通装备、中小航空发动机、新一代自主安全计算系统供应商管理体系。

开展集群促进组织标准建设。建立行业自律规范，提升产业治理效率。集群发展促进组织应践行群规群约，协调解决公共产品和公共服务领域市场失灵等问题，维护集群内公平竞争环境。如长沙市工程机械行业协会作为长沙工程机械集群发展促进组织，采取轮值会长制度着力推动“竞争者合作”，推动集群六大主机企业签订《主配协同合作意向书》，推动集群建设工程机械零部件配套产业园，有效促进集群成员交流合作、资源共享，改变了以往企业单打独斗、恶性竞争的局面。

第5章

# 促进技术高端化升级

必须坚持科技是第一生产力、人才是第一资源、创新是第一动力，深入实施科教兴国战略、人才强国战略、创新驱动发展战略，开辟发展新领域新赛道，不断塑造发展新动能新优势。

——习近平在中国共产党第二十次全国代表大会上的报告

创新是推动现代化的第一动力。湖南打造四大产业集群，要始终把创新摆在核心地位，做好科技创新这篇大文章，以科技创新引领产业创新，力争在世界级产业集群领域突破一批关键核心技术，打造一批重大创新平台，推动一批科技成果转化，集聚一批创新人才，不断促进四大产业集群技术高端化升级。

## 第一节

# 突破一批关键核心技术

2020 年 9 月，习近平总书记在湖南考察调研山河智能装备股份有限公司时指出，关键核心技术必须牢牢掌握在我们自己手中，制造业也一定要抓在我们自己手里。2024 年 3 月，习近平总书记考察湖南时强调，要在以科技创新引领产业创新方面下更大功夫，主动对接国家战略科技力量，积极引进国内外一流研发机构，提高关键领域自主创新能力。关键核心技术是国之重器，对推动经济高质量发展、保障国家安全都具有十分重要的意义。必须抢抓新一轮科技革命和产业变革机遇，聚焦湖南科技创新七大行动计划，围绕世界级产业集群，突破一批“卡脖子”技术难题，不断推动技术和产品迭代创新，力争将湖南打造成为工程机械、轨道交通装备、中小航空发动机、新一代自主安全计算系统等世界级产业集群全球关键核心技术的重要诞生地。

## 一、实施重大科技专项

重大科技专项是通过核心技术突破和资源集成，在一定时限内完成的重大战略产品、关键共性技术和重大工程，是突破关键核心技术的关键之举。打造世界级产业集群，要面向世界科技前沿和国家重大需求，综合考虑我省在工程机械、轨道交通装备、中小航空发动机、新一代自主安全计算系统等世界级产业集群的资源禀赋和技术短板，部署实施重大技术攻关计划，形成一批“国字号”和“省字号”科技重大专项。到 2025 年，四大领域全面实现自主可控。

加快部署“国字号”科技重大项目。“国字号”科技重大项目是中国科技发展的重中之重，在国家科技重大专项的带动下，我省攻克了一批关键核心技术，研制出一批高端装备和战略产品，培育了一批高科技企业、创新团队，涌现“三超”“三深”等标志性科创成果，一批关键核心技术达到世界领先水平。站在新的起点上，我省要积极发挥“国字号”科技重大项目的引领作用，积极承接国家科技重大专项和面向2030年部署启动的新的重大科技项目，在工程机械、轨道交通装备、中小航空发动机、新一代自主安全计算系统等世界级产业集群领域推进一批国家科技重大专项工程，突破一批重大关键共性技术，取得一批具有全局影响意义的重大科技成果，研制一批重大战略产品，培育一批具有核心竞争力的科技创新领军型企业，形成一批“大国重器”。

积极突破若干“省字号”科技重大项目。“省字号”科技重大项目是结合省情实施的科技重大专项，对于推动我省科技创新具有直接的带动引领作用。在新发展阶段，要积极对接《湖南创新型省份建设实施方案》，聚焦我省工程机械等产业集群在发动机、传感器、工业软件、操作系统等领域的技术短板，凝聚形成四大产业集群若干省级重大科技工程，加大省级财政引导投入，突破一批共性技术，补齐通用零部件短板，取得一批标志性科技创新成果。

## 二、强化企业创新主体作用

企业是创新的主体，是推动创新创造的生力军。近年来，湖南高度重视以企业为主体的技术创新体系建设，出台和实施《湖南省制造业创新能力提升三年行动计划（2021—2023）》《湖南省中小企业技术创新“破零倍增”三年行动计划（2020—2022）》《湖南省财政支持企业科技创新若干政策措施》等系列政策，支持企业开展科技创新，不断稳固和突出企业的技术创新主体地位，涌现出三一重工、中联重科、中车株机等一批世界级龙头企业。我省在工程机械、先进轨道交通装备等领域并不缺龙头企业，缺的是具有创新能力的中小企业和为龙头企业提供高端配套服务的中小企业。为此，我省要坚持问题导向，通过龙头企业带动等举措，不断提升中小企业的创新能力。

专栏 5-1

**湖南省先进轨道交通装备重大技术创新**

产业安全自主可控关键技术。

全场景系统安全保障技术。

面向全寿命周期的装备能力保持技术。

与装备全寿命周期深度融合的智能化技术。

融合环境的交通能源技术。

基于集成化的装备模块化平台技术。

——选编自《湖南省先进轨道交通装备产业“十四五”发展规划（2021—2025 年）》

实施“一龙带百小”计划。实践证明，龙头带动引领是推动中小企业快速发展的有效途径。我省要充分发挥世界级产业集群中大企业的引领作用，带动产业链供应链上下游中小企业“链式”转型发展。以三一重工、中联重科、中车株机等产业链龙头企业为主体，建立产业链上下游企业联系制度，组建产业协同创新共同体，加强战略、技术等协作，支持龙头企业联合中小企业成立核心技术研发投资公司，协同解决上游企业技术推广应用问题，以龙头企业引领中小企业发展配套产业和关联产业，推动产业链上下游、大中小企业融通创新，形成大企业“顶天立地”和中小企业“铺天盖地”的发展格局。

实施创新主体增量提质计划。我省世界级产业集群不仅需要进一步增加企业数量，更需要提升企业的发展质量。要鼓励世界级产业集群企业专注高端装备制造、绿色环保等细分市场，培育一批创新能力强、专业市场占有率高、质量效益优的排头兵企业，在四大产业领域培育形成一批国家级专精特新“小巨人”企业或单项冠军企业，培育一批独角兽企业和瞪羚企业。加快建立以企业为主导的产业技术创新机制，鼓励企业加大研发投入，支持三一重工、中联重科、中车株机等龙头企业牵头组建创新联合体、研发机构与专利平台，引导企业承担国家科技重大项目，支持企业开展工业“五基”攻关，加速形成以企业为主体、市场为导向，产学研用深度融合的技术创新体系。

实施“企业科技创新积分”计划。要千方百计提升企业创新能力，借鉴江苏省张家港市企业创新积分制做法，倒逼企业提升创新水平。制定世界级产业集群企业科技创新积分管理办法，在企业研发投入、创新人才、创新活动、创新成果等方面制定企业科技创新积分管理计分标准，对企业创新能力进行综合评价；将企业创新积分兑现为资助资金，在用地、用电、用水、用气、税收减免等方面给予优惠；在企业评先评优方面，定期公布企业科技创新积分排名，根据企业创新积分排行榜，确定年度“科技创新十佳企业”和“科技创新优秀企业”，激发企业创新内生动力。

专栏 5-2

### 张家港市企业创新积分制

企业创新积分制是江苏省张家港市在创建国家创新型试点县市建设过程中探索出的成功经验，增强了企业的政策获得感，提升了创新能力。

2015 年，张家港市政府出台了《张家港市企业科技创新积分管理办法（试行）》及计分标准，制定积分实施规则。企业科技创新总积分由基础分、附加分、扣减分三部分组成。根据年度企业科技创新积分，企业可按照每分 2000 元标准获得资助资金，每满 50 分可为企业内符合条件的人才购买人才安居房，市政府每年对年度积分排名前列的企业进行荣誉表彰。

——选编自《张家港市企业科技创新积分管理办法（试行）》及计分标准

## 三、实行“揭榜挂帅”制度

“揭榜挂帅”制度是科研项目形成与管理机制的全新探索，通俗地讲，就是建立“选贤任能、让能者脱颖而出”“谁能干就让谁干”的科研体制机制。当前国际环境严峻复杂，解决“卡脖子”问题，提升产业链供应链自主可控能力和安全与韧性水平的需求尤为迫切，实施“揭榜挂帅”制度，对于我国开展关键核心技术集中攻关、产出高质量科技成果以及调动科技人员积极性具有重要作用。我省世界级产业集群要突破一批关键核心技术，需要不断完善创新“揭榜挂帅”制度，持续探索关键核心技术攻关新型举国体制的湖南模式。

制定关键核心技术研发攻关目录。制定关键核心技术研发攻关目录，能够主攻突破技术短板。当前，全国各地都在积极制定相关领域的关键核心技术研发攻关目录，我省界级产业集群的关键核心技术已经基本明确。按照安全可靠、引进消化、协同开发的原则对界级产业集群的关键核心技术进行分类，滚动编制关键核心技术攻关清单和进口替代清单，分类形成四个领域关键核心技术研发攻关目录，力争突破一批关键共性技术、前沿引领技术、现代工程技术、颠覆性技术，为产业链供应链的安全稳定提供有力支撑。

开展“卡脖子”揭榜挂帅。围绕事关国家安全和地方发展重大战略问题，在科技计划中设立“揭榜挂帅”专项。针对企业需求，由政府搭建平台，举办有影响力的“揭榜挂帅”大赛。围绕世界级产业集群核心关键技术研发，以项目化形式定期发布关键核心技术攻关清单，引导全球高校院所、科研机构、企业对“卡脖子”技术清单揭榜，着重解决工程机械行业发动机、底盘、液压件、变速箱、传动系统、马达、油泵设计与制作等“卡脖子”难题，先进轨道交通装备传感器、工业软件、操作系统等难题，中小航空发动机及航空航天装备国产操作系统、射频电路设计、软件开发平台、国产处理芯片、一体化成型工艺装备研制技术等难题，以及新一代自主安全计算系统性能不高、应用场景少、生态体系不完善等难题。

专栏 5-3

### 先进轨道交通装备及航空航天关键核心技术攻关清单

先进轨道交通装备领域：加强智能驾驶技术、高性能转向架技术、制动系统技术、大数据运维技术、无线重联技术等关键核心技术攻关力度；攻克车辆轴承、联轴器、制动电控阀、制动系统、车钩缓冲装置等关键部件，着重突破新一代高速转向架系统、适用于中国标准高速动车组的列车网络控制系统以及基于国产芯片和软件的牵引及网络控制系统、信号系统、制动系统等核心系统；发展新型高分子材料、制动闸片材料、绝缘材料等新型材料。

航空航天领域：加大新形态发动机、整体叶盘、叶环制造以及金属基、陶瓷基及碳/碳复合材料构件等制造技术研发力度；攻克惯性器件、激光陀螺仪、新型传感器、精密阀门等核心基础零部件；发展高强高韧轻质材料、高性能碳纤维及其复合材料等关键材料；着重发展中型通用整机、大型无人机、中小型燃气轮机。

——选编自《株洲市国民经济和社会发展第十四个五年规划和二〇三五年远景目标纲要》

第二节

## 打造一批重大创新平台

近年来，湖南坚持把建好高能级创新平台作为战略科技力量的关键支撑，逐步构建起世界级产业集群平台体系，有效推动创新要素从分散转向聚合。未来一个时期，要围绕世界级产业集群重大战略需求，大力实施打造具有核心竞争力的科技创新高地标志性工程，构建多层次、多领域、多元化的产业创新平台网络，培育一批国家级和省级重点实验室、工程研究中心、产业创新中心、技术创新中心、新型研发机构等创新平台，形成国家战略科技力量。

## 一、优化提升实验室体系

实验室是国家战略科技力量重要组成部分，在科学前沿探索和解决国家重大需求方面发挥着重要作用。我省工程机械、轨道交通装备、中小航空发动机、新一代自主安全计算系统等产业集群领域的实验室在建设过程中还存在要素保障力度不足、产学研用融合难等困难和挑战，我们要紧紧抓住全国重点实验室重组和建设长沙全球研发中心城市的机遇，以前所未有的力度强化国家战略科技力量，推动世界级产业集群实验室体系整体效能显著提升。

加快全国重点实验室建设。高起点、高标准推动轨道交通等产业领域内全国重点实验室的建设，加快组建地下工程全国重点实验室，聚焦国家重大战略需求以及“三高四新”美好蓝图，进一步确定重点方向和主要任务。围绕湖南世界级产业集群的总体部署，以全国重点实验室重组为契机，鼓励并积极推进高校、科研院所和骨干企业在工程机械、轨道交通装备、中小航空发动机、新一代自主安全计算系统等领域新建一批全国重点实验室。

推动省重点实验室高质量发展。进一步明确基于物联网的工程机械智能化技术湖南省重点实验室、轨道交通节能控制与安全监测湖南省重点实验室、中小型航空发动机叶轮机械湖南省重点实验室等优势产业领域省重点实验室战略科技力量定位，加强省重点实验室学科和队伍建设，通过承接国家重大项目、省重大项目委托、自立项目择优推荐等方式，推动省重点实验室以目标为导向开展跨学科、大协同攻关；借鉴粤港澳联合实验室的模式，围绕长株潭国家自主创新示范区建设及四大产业发展实际需求，优化整合长株潭产业联合实验室，协同推进长株潭三地世界级产业集群的创新合作。

## 二、推动产业技术创新中心建设

产业技术创新中心作为产业发展的生产研发基地，是推动产业高质量发展的重大创新平台。近年来，我省高度重视产业技术创新中心建设，在工程机械、轨道交通装备、中小航空发动机、新一代自主安全计算系统等产业领域打造形成了一批具有重大影响力的产业技术创新平台，为推动四大产业高质量发展发挥了重大作用。但部分产业技术创新中心存在联动不足等问题，需要进一步优化建设，积极服务世界级产业集群发展需求。

加快产业技术创新中心创建。加快推进国家先进轨道交通装备创新中心、岳麓山工业创新中心以及电力牵引轨道机车车辆国家技术创新中心等创新中心建设。在工程机械、通用航空发动机等行业积极争创国家级制造业创新中心，创建永磁动力等省级制造业创新中心。支持符合条件的工程机械、轨道交通装备、中小航空发动机、新一代自主安全计算领域的国家工程技术研究中心转建国家技术创新中心。

加快产业技术创新中心协同创新。推动工程机械、轨道交通装备、中小航空发动机、新一代自主安全计算系统等领域产业技术创新中心与工程研究中心、工程实验室、企业技术中心等技术创新平台协同发展，加快科研平台设施共建共享，联合开展关键核心技术攻关，构建世界级产业集群领域完善的技术创新供给体系，为世界级产业集群发展提供强有力的技术支撑。

## 三、培育新型研发机构

新型研发机构是加强科技创新、实施创新驱动发展战略的新生力量，新型研发机构的出现和蓬勃发展，是新时期我国国家创新体系转型与演变的重大事件。据科技部统计调查，截至 2021 年底，全国各种类型的新型研发机构已有 2000 多家，我省在工程机械、轨道交通装备、中小航空发动机、新一代自主安全计算系统等领域形成了一批新型研发机构。但总体来讲，我省新型研发机构的数量和质量与打造世界级产业集群的要求还有一定差距，需要加快布局世界级产业集群新型研发机构。

引进设立一批海外研发机构。围绕世界级产业集群的发展需要，引进一批新型研发机构，鼓励卡特彼勒、株式会社小松制作所等龙头企业来湘设立研发总部和研发中心，建立世界级产业集群重大国际科技创新合作共同体，形成一批有国际影响力的新型研发机构。支持设立一批工程机械、轨道交通装备、中小航空发动机、新一代自主安全计算系统等产业国际联合研究中心和海外研发基地，建立若干产学研国际联盟，支持有条件的企业走出去设立海外研发机构，开展产学研国际合作。

组建一批世界级研发机构。按照“一个细分领域，支持建设一家”和“成熟一个，建设一个”的原则，采取以细分行业龙头骨干企业为主、多元合作、政府支持的建设模式，围绕世界级产业集群的技术需求，鼓励三一集团等行业龙头企业联合高校院所组建机制灵活、贯通创新链、衔接产业链的工业技术研究院，支持组建共性技术研发平台和产业技术创新战略联盟，在工程机械、先进轨道交通装备、中小航空发动机、新一代自主安全计算系统等领域培育发展检验检测中心、专用试验基地、产品认证中心、工业设计中心、新型产品研发中心等集科学发现、技术发明、产业发展于一体的若干世界级新型研发机构。支持省内高校强化和建设与四大世界级产业集群的联动对接，组建一批基础学科研究中心，发挥基础研究深厚、学科交叉融合的优势，加强世界级产业集群基础前沿探索和关键技术突破。

专栏 5-4

## 高水平科技创新载体建设计划

岳麓山国家实验室。根据国家重大战略需求和长沙特色优势领域，依托国防科技大学、中南大学、湖南大学等高校院所和国家、省部级重点实验室，争取布局队伍强、水平高、学科综合交叉的国家实验室。

国家制造业创新中心。依托长沙先进制造业集群，明确共性技术研发定位，构建以企业为主体、产学研深度融合的技术创新体系，解决行业反映突出的专用设备、材料、工艺等共性问题，夯实制造业基础，提升其能力，打造国家制造业创新中心。

国家技术创新中心。发挥长沙工程机械行业领先优势，瞄准工程机械关键核心技术“卡脖子”难题，推动政产学研用五位一体发展，增强自主创新能力和源头技术供给保障，打造国家工程机械技术创新中心。

国家产业创新中心。以三一集团、中联重科等领军企业为主体，提升企业自主创新能力，打造国家高端装备产业创新中心。

国家工业设计研究院。以“三智一芯”主导产业为主攻方向，面向关键共性需求，充分利用互联网与信息通信技术，梳理国际国内、线上线下设计资源，健全完善工业设计公共服务，建设国家工业设计研究院。

——选编自《长沙市国民经济和社会发展第十四个五年规划和二〇三五年远景目标纲要》

第三节

# 推动一批科技成果转化

促进科技成果转化、加速科技成果产业化，已经成为世界各国科技政策的新趋势，也是打造世界级产业集群的重要途径。目前，我省科技成果转化存在技术与市场结合不紧密、成果与应用结合不紧密等较为突出的问题，科技成果的总体转化率不高。打造世界级产业集群，需要在工程机械、先进轨道交通装备、中小航空发动机、新一代自主安全计算系统等领域积极争创国家科技成果转移转化示范区，建设一批科技成果产业化基地、国家技术转移示范机构、科技公共服务平台以及专业化众创空间，形成全国领先、具有湖南特色的世界级产业集群科技成果转移转化新机制新模式，不断提升世界级产业集群科技成果转化率。

## 一、推进新技术应用场景建设

应用场景可以推进新技术新产品的示范应用和迭代升级，助力新技术新产品推广应用，成为推动科技成果转化的重要途径。

近年来，我省在四大产业领域发布了一批典型应用场景，并取得了较好效果。面对打造世界级产业集群的目标任务，需要在四大产业集群领域持续实施应用场景示范行动，及时发布“新技术机会清单”，形成一批典型示范场景，推动世界级产业集群科技成果转化。

实施应用场景示范行动。制定工程机械、轨道交通装备、中小航空发动机、新一代自主安全计算系统等产业集群新技术应用场景支持政策，从加快应用场景高层次人才集聚、应用场景平台载体建设、新技术和新产品推广应用等方面提出具体的政策措施，在金融服务、数据开放、科研立项、业务指导等方面加大对应用场景建设的支持，为四大产业集群的新技术的推广应用搭建实验空间和场景条件，加强四大产业领域新技术新成果集中应用示范。

实施“新技术机会清单”制度。深度了解和搜集工程机械、轨道交通装备、中小航空发动机、新一代自主安全计算系统等产业集群企业产品技术研发和需求情况，定期发布“新技术应用场景机会清单”，借助长沙国际工程机械展览会等重大活动对四大产业领域的“新技术机会清单”进行集中发布，引导全球工程机械、轨道交通装备、中小航空发动机、新一代自主安全计算系统等产业领域的新技术、新产品在湖南“首发首秀”。

打造一批典型示范应用场景。围绕工程机械、轨道交通装备、中小航空发动机、新一代自主安全计算系统等产业转型升级等重点领域以及长株潭等重点区域，聚焦数字经济、智能经济、在线经济、创意经济、共享经济等新经济形态，在数字制造、智能制造、高端装备、共享制造、工业软件等细分领域树立若干典型示范应用场景，形成一批具有核心竞争力和商业化价值的示范产品（服务），以及一批标志性应用场景示范工程。

## 二、推广“首台（套）”重大技术装备设定与奖励

“首台（套）”是首台（套）重大技术装备的简称，是指首台（套）研发尚未取得市场业绩的装备产品，解决“首台（套）”重大技术装备问题，既是解决关键技术“卡脖子”问题、关键领域实现自主可控的重要途径，也是推动技术实现产业化发展的重要手段。在“首台（套）”政策方面，我省出台了《湖南省首台（套）重大技术装备认定及奖励实施办法》《湖南省首台（套）重大技术装备奖励实施细则》，有力推动了世界级产业集群装备发展。但“首台（套）”机制还不健全，不敢用、不愿用等问题仍然存在，成为制约四大产业装备创新发展的重要因素。解决国产“首台（套）”产业化困局，要以“放管服”改革降低“首台（套）”市场准入门槛，不断完善相关制度保障，为“首台（套）”产业化营造便利环境。

完善市场化风险补偿机制促“敢用”。聚焦工程机械、轨道交通装备、中小航空发动机、新一代自主安全计算系统等产业集群的

新技术装备，建立“首台（套）”设备制造全流程保险补偿机制，争取将“首台（套）”保险调整为免税险种，以财政补贴资金为“首台（套）”上保险，缓解用户对“首台（套）”不敢用的心理。

制度层面打破“国产歧视”促“愿用”。规定在工程机械、轨道交通装备、中小航空发动机、新一代自主安全计算系统等产业集群领域获得国家级、省级“首台（套）”认定的产品，视同已有市场销售经验，可获招投标参与权，筛查招投标文件中“只限进口产品”等歧视性条款，设置“关键装备国产化率”等考核指标，在发放配置证时为国产“首台（套）”设置一定配额；完善免责机制，由“首台（套）”技术故障等客观因素带来的损失，不向采购决策者问责，形成敢买、愿买“首台（套）”的导向。

## 三、构建成果转化服务体系

促进科技经济融合的核心是构建完善的科技成果转化服务体系，这是科技服务业中专业程度要求最高、服务能力要求最强、技术与经济融合要求最多的生态服务体系，是加速成果转化的“助推器”。当前，我省科技成果转化服务体系仍不健全，需要加快构建服务载体，全面加强知识产权保护工作，激发世界级产业集群的创新活力。

构建服务载体体系。加强工程机械、轨道交通装备、中小航空发动机、新一代自主安全计算系统等产业领域产权交易服务平台、转移转化信息平台、技术转移中心等科技成果转化服务平台体系建设，积极搭建中试平台、概念验证中心等成果转化载体，促进世界级产业集群创新成果转化。加强科技中介服务机构的培育和引进，着力发展创新孵化、知识产权、技术转移、检验检测认证、科技咨询等科技服务，做实做优科技服务特色集群。

强化知识产权保护和应用。依托湖南省知识产权交易中心，建成覆盖全省、辐射周边、联通国内市场的知识产权交易平台，完善知识产权保护制度，健全多元化知识产权纠纷解决机制和涉外知识产权争端应对机制，构建世界级产业知识产权保护网络和服务体系，鼓励三一集团、中车株机等企业进行海外知识产权布局。

## 四、大力发展“科创飞地”

“科创飞地”是“飞地经济”模式的延伸和创新，是推动外地科技成果在本地转化的重大举措。“科创飞地”顺应了近年来日益增强的技术、人才从发达地区向经济腹地的双向转移趋势，以其优势互补、合作共赢的特点，为成果转化、产业转移开辟了新领域、新空间。近年来，我省充分发挥“一带一部”的区位优势，积极建设“科创飞地”，但工程机械、轨道交通装备、中小航空发动机、新一代自主安全计算系统等产业集群科技合作的模式和方式需要进一步创新，世界级产业集群需要更加积极融入全球创新网络，加大与粤港澳大湾区、长三角等科技创新区的域合作，高水平开展人才、成果“引进来”“走出去”行动。

加强海外科技合作。鼓励三一集团等龙头企业积极拓展海外业务布局，设立海外研发中心，支持国家先进轨道交通装备创新中心等四大产业集群创新平台独立或与海外创新活力较强、科技资源密集的国家和地区合作建设实验室、研究院、技术平台等研发机构和飞地孵化器，推动工程机械、轨道交通装备、中小航空发动机、新一代自主安全计算系统等产业深度融入国际创新体系。

加强国内科技合作。面向粤港澳大湾区、长三角等重点地区，加快落实对接粤港澳大湾区行动计划，在粤港澳大湾区等科技资源密集区域设立离岸科创平台，发展“科创飞地”，推动与香港大学、香港科技大学、南方科技大学、中山大学等大湾区高校院所合作，在工程机械、轨道交通装备、中小航空发动机、新一代自主安全计算系统等产业领域组建离岸创新创业联盟，建设科技创新共同体，开展科技成果和人才对接专题大会，联合举办“双创”大赛，组织对有意向来湖南发展的校所专家和项目负责人到湖南路演、考察交流，促进粤港澳大湾区等地区的优质创新创业项目在湖南产业化落地。

专栏 5-5

**对接粤港澳大湾区行动计划——区域协同创新行动**

在粤港澳大湾区设立离岸科创平台，组建离岸创新联盟，发展“科创飞地”，建设科技创新共同体。积极对接广深港澳科创走廊，推进湖南粤港澳科创园、大数据产业园等创新平台建设，加快搭建国际科技创新平台。构建协调联动的创新机制，加强科技创新人才交流合作。

——选编自《湖南省国民经济和社会发展第十四个五年规划和二〇三五年远景目标纲要》

## 五、完善成果转化评价机制

习近平总书记强调，加快实现科技自立自强，要用好科技成果评价这个指挥棒，遵循科技创新规律，坚持正确的科技成果评价导向，激发科技人员积极性。进一步完善科技成果转化评价机制，有利于促进激励创新环境的加速形成，有效调动科研人员积极性，加速释放创新活力。近年来，我省持续深化科技成果使用权、处置权和收益权改革，科技成果向现实生产力转化不力、不顺、不畅等问题大为改观，但四大领域科技成果评价体系尚待进一步完善，指标单一化、标准定量化、结果功利化问题还不同程度存在，需要加快推进科技评价制度改革，优化高校院所科研评价导向体系，持续释放世界级产业集群的创造力。

推进科技评价制度改革。在四大产业领域建立以质量、贡献、绩效为导向的分类评价体系。深化科技成果使用权、处置权、收益权改革，完善四大产业科技成果转化收益分配机制，率先在四大产业领域探索建立国际国内权威公认的重大制造业技术成果在湘转化激励制度，吸引掌握四大产业重大核心技术的科研团队在湘转化成果、开办企业。

优化高校院所科研评价导向体系。在工程机械、轨道交通装备、中小航空发动机、新一代自主安全计算系统等产业领域，打通以高校院所成果转化的工作人员职称晋升通道，将他们取得的科技开发、技术应用、成果转化等方面的业绩作为其评优评先的重要依据； 将技术合同成交额等纳入高校“双一流”建设的考评指标体系，并对四大产业科技成果转移转化绩效突出的相关单位给予资金支持。

## 第四节

# 集聚一批创新人才

千秋伟业，人才为本。打造四大世界级产业集群，归根结底要靠高水平创新人才，需要统筹教育科技人才一体化发展，优化实施“芙蓉计划”、“三尖”创新人才工程，加大科技领域交流合作和青年科技人才培养力度，深入推进“校友回湘”“湘智兴湘”，加快培养和集聚高层次创新人才。综合运用行政协调与市场化手段解决人才发展实际问题，发挥用人单位主体作用，不断优化人才发展环境，让更多的智慧资源、创新要素汇聚世界级产业集群。

### 一、加强高层次科创人才和青年科技人才培养

近年来，全省以创新型省份建设为统揽，大力实施“芙蓉计划”、“三尖”创新人才工程，工程机械、轨道交通装备、中小航空发动机、新一代自主安全计算系统等产业集群的科技创新人才队伍不断壮大、人才活跃度贡献度不断提升。但也要清醒地看

到，我省世界级产业集群的科技创新人才工作同新形势新任务还有不少不适应的地方，堪当重任的战略科学家较为短缺，科技领军人才和创新团队亟须培育和引进，青年人才队伍成长环境需要进一步优化。必须深化改革，对现有人才政策进行系统性优化升级，以非常之举激活世界级产业集群科技创新人才的一池春水，在工程机械、轨道交通装备、中小航空发动机、新一代自主安全计算系统等产业集群领域打造战略科学家成长梯队，培养集聚一批科技领军人才和青年人才。

聚焦战略科学家这个“关键少数”。战略科学家是引领科技前沿布局、带领重大领域创新的战略帅才。要“以非常之举，待非常之人”，在平台搭建、团队建设、管理机制等方面要打破常规，开辟绿色通道，加快实施院士引领世界级产业创新计划，在世界级产业领域率先筹建湘籍院士产学研园区，支持联合建设院士专家工作站，建设扎实发挥战略科学家“关键少数”作用的平台。坚持实践标准，用长远眼光有意识地发现和培养更多具有战略科学家潜质的高层次复合型人才，形成世界级产业集群战略科学家成长梯队。

抓住科技领军人才和创新团队这个中坚力量。科技领军人才和创新团队是创新的中坚力量，打造世界级产业集群必须造就一流科技领军人才和创新团队。在人才梯队培养、科研条件配备等方面赋予其更大的话语权，在项目承担、实验室建设等方面给予重点统筹支持，舍得花重金、搭平台、“给帽子”、给资源，推动跨地区、跨行业、跨体制集聚一批科技领军人才和创新团队。

突出青年人才队伍这个生力军。青年人才是国家战略人才力量的源头活水，是我省打造世界级产业集群的未来和希望。要加快实施青年人才“小荷”计划、杰出创新青年人才及卓越工程师培育计划等引才育才计划，加快完善及早选苗、大胆使用、跟踪培养的全链条机制，支持青年人才挑大梁、当主角；建立有利于人才辈出的体制机制，建立院士、科技领军人才结对培养青年科技人才制度，激励功成名就的老专家、老学者甘当人梯，把青年科技人才尽早推到前台去。

放大创新平台这个“强磁场”。吸引人才不仅靠薪酬待遇，还有事业平台和发展机会。要大力支持长沙创建国家吸引和集聚人才平台，强化省会城市在全省人才雁阵格局中的“头雁”引领带动作用，支持长沙建设智能制造海归小镇，建立健全技术移民制度，加强国际社区、国际学校、国际医院、国际商业街建设，营造适宜国际人才居住和发展的良好环境，吸引海外人才来湘发展。扎实推进长株潭人才一体化发展，在重大产业领域实现人才资源共享、市场共管、信息互通、资格互认、服务互补。加快推动全省世界级产业集群创新平台提质升级，打造一批有影响力和带动力的高端创新平台，更好培育和集聚高层次人才。

## 二、加大产业领军人才和企业家的引育力度

产业领军人才和企业家是推动产业创新发展的直接力量，在集聚中高端产业、实现产业转型升级等方面发挥重大引领作用。培育世界级产业集群，必须围绕产业链建强人才链，积极引聚和造就一批产业高端人才、优秀企业家。

引聚产业高端人才。实施世界级产业集群领军人才聚集行动，建立人才特区，确定目录清单，完善政策配套，通过“企业定人选、政府给支持”实现精准引才。聚焦世界级产业集群“卡脖子”技术，定期掌握产业高精尖人才需求，引导企业加快培引核心技术攻关人才。推出产业重大科技攻关项目，以“企业出题、政府张榜、能者解题”方式，面向全球招揽工程机械、轨道交通装备、中小航空发动机、新一代自主安全计算系统等产业领域领军人才和团队。

造就一大批优秀企业家。在重点领域率先实施企业家素质提升行动，加强产业领军型、成长型企业家培育，着力培育一批既懂科技又懂市场的复合型创新创业人才。组建优秀企业家联盟，畅通企业家与科学家、教育家、投资家沟通交流渠道，帮助企业

家开阔国际视野，提高战略思维水平及资本运作、风险管控和自主创新能力，催生一批走在全国前列、具有国际影响力的四大产业领军型科技企业家。

## 三、加强高技能人才队伍建设

当前，我省工程机械、轨道交通装备、中小航空发动机、新一代自主安全计算系统等产业领域人才队伍存在产业工人多、高技能人才少，急用现找的多、长期培养的少等突出问题。为此，必须高度重视，切实加强高技能人才队伍建设，培育更多的大国工匠、湖湘工匠。

构建湖南现代职业教育体系。充分发挥湖南职业教育的特色优势，深入实施“职业教育楚怡行动”，大力培育支撑工程机械、轨道交通装备、中小航空发动机、新一代自主安全计算系统等产业领域的高技能人才，建立四大产业领域企业智能化升级的技术人才支撑。建立健全四大产业行业指导、校企联合的卓越工程师教育培养机制，全面推进职业教育集团化办学和新型学徒制、现代学徒制，探索推进职业院校股份制、混合所有制改革，建立产教融合、校企合作的技术技能人才培养模式，培养更多高素质大国工匠、湖湘工匠，着力解决世界级产业集群工程技术人才培养与生产实践脱节的突出问题。

发展技术技能培训产业。加强公共实训基地、技工院校和职业培训机构建设，促进四大领域的企业和职业院校成为技术技能人才培养的“双主体”。落实职业培训提质增量行动，大规模开展就业技能培训、岗位技能提升培训和创业培训，提升产业劳动者职业技能水平和就业创业能力，不断壮大产业技能人才、高技能人才队伍。

激励技术技能人才成长。研究制定技术技能人才激励办法，健全技术技能人才评价体系，完善人才评价标准，坚持“破四唯”与“立新标”并举，加快建立以创新价值、能力、贡献为导向的产业和人才评价体系，解决重资历、轻业绩，重论文、轻贡献，重数量、轻质量等问题。疏通产业技能人才和专业技术人才互认通道，构建产教训融合、政企社协同、育选用贯通的产业高技能人才培育体系。

第 6 章

# 推进数字化绿色化转型

实施产业基础再造工程和重大技术装备攻关工程，支持专精特新企业发展，推动制造业高端化、智能化、绿色化发展。

——习近平在中国共产党第二十次全国代表大会上的报告

当前，互联网、大数据、云计算、人工智能、区块链等新技术深刻演变，产业数字化、智能化、绿色化转型不断加速，智能产业、数字经济蓬勃发展，极大地改变了全球要素资源配置方式、产业发展模式和人民生活方式。党的十八大以来，党中央高度重视发展数字经济和推动发展方式绿色低碳转型，大力发展数字经济，促进数字经济和实体经济深度融合，协同推进数字产业化和产业数字化，打造具有国际竞争力的数字产业集群，着力构建绿色制造体系，提高资源能源利用效率，推动数字化智能化绿色化融合，扩大绿色低碳产品供给，加快制造业绿色低碳转型和高质量发展。湖南打造四大世界级先进制造业集群，要以数字化和绿色化为转型方向，按照习近平总书记关于大力推进制造业数字化绿色化转型的相关战略谋划和具体要求，进一步加快工业互联网、大数据、5G 等新一代信息技术赋能，深入推进产业集群智能化转型升级和绿色化高质量发展。

## 第一节

# 加快数智化变革

当今时代，数字技术、数字经济是世界科技革命和产业变革的先机，是新一轮国际竞争重点领域，我们要着眼长远、把握机遇、乘势而上，推进数字化、智能化、绿色化转型发展，共同强化科技创新和成果转化，推进数字经济和实体经济深度融合。“数字化”“工业互联网”“智能制造”是当前世界各国制造业发展的重点方向，也是湖南推动工程机械、轨道交通装备、中小航空发动机、新一代自主安全计算系统四个国家先进制造业产业集群成为具有国际竞争力的世界级先进制造业产业集群的关键举措。湖南提升四大先进制造业产业集群的智能制造水平，要强化科技创新对绿色化数字化转型和可持续发展的支撑，营造开放、公平、公正、非歧视的科技发展环境，立足制造本质，紧扣智能特征，推进生产过程的智能化，对设备、车间到工厂进行全面的数字化改造，大力推进以工业互联网为代表的智能化技改，推动四大产业集群实现脱胎换骨式的全面转型升级。

## 一、推动企业智能化改造和数字化转型

习近平总书记在2022年中央经济工作会议上指出，“要在重点领域提前布局，全面提升产业体系现代化水平，既巩固传统优势产业领先地位，又创造新的竞争优势。抓住全球产业结构和布局调整过程中孕育的新机遇，勇于开辟新领域、制胜新赛道。传统制造业是现代化产业体系的基底，要加快数字化转型，推广先进适用技术，着力提升高端化、智能化、绿色化水平。战略性新兴产业是引领未来发展的新支柱、新赛道。要加快新能源、人工智能、生物制造、绿色低碳、量子计算等前沿技术研发和应用推广，支持专精特新企业发展。要大力发展数字经济，提升常态化监管水平，支持平台企业在引领发展、创造就业、国际竞争中大显身手”。国家工信部深入实施智能制造工程，推动互联网、大数据、人工智能等新一代信息技术与制造业深度融合，推进制造业数字化转型，加快5G、数据中心等新型信息基础设施建设和应用，深化工业互联网创新应用。大数据时代，湖南四大世界级产业集群智能化改造和数字化转型已不是“选择题”，而是关乎生存和长远发展的“必修课”。

湖南四大世界级产业集群具备良好的智能化改造和数字化转型基础条件。长沙是全国重要的工程机械制造基地之一，拥有三一重工、中联重科、铁建重工、山河智能和星邦智能五家

全球工程机械50强企业。2012年以来的十多年里，长沙的工程机械行业逆境崛起，通过工程机械的智能化改造，从“制造”走向“智造”，形成了智能制造的长沙模式，角逐国际一流的工程机械“智造”中心。株洲拥有国内首个突破千亿元产值的轨道交通装备产业集群，产品几乎覆盖行业所有领域，为全球轨道交通各类用户提供全生命周期系统解决方案，形成了世界轨道交通制造“全球看中、德，中国看湖南”的版图。湖南中小航空发动机产业规模和竞争能力居全国第一，C919大飞机的起落架、机轮刹车系统，均是“湖南智造”。C919大飞机投入商用更是打开了民航产业进入高端领域长足发展的大门，湖南底子好、机制新、潜力大，可以形成与C919大飞机紧密相关的配套产业，推动湖南航空航天产业实现大发展。长沙以国防科技大学为“策源地”，围绕“两芯一生态”战略布局，形成了包括芯片、整机及终端、基础软件、应用软件、安全服务等在内的完整产业链，是目前全国唯一实现核心芯片全类型设计国产自主的城市，技术优势突出，发展环境优良，产业集聚度高，“六机七芯”产品市场占有率稳居全国第一。强大的产业链合力，吸引一批两院院士和数学家，一批在全国具有重要影响力的计算产业企业家向长沙汇聚，世界计算大会永久落户长沙，推动湖南加快融入全球计算产业格局。

湖南四大产业集群所在的长株潭地区，拥有长株潭国家自主创新示范区重大创新平台，具备适应高质量发展的创新生态，为四大产业集群智能化改造和数字化转型提供了坚实的创新基础。利用长株潭新一代信息技术领域等创新优势，推动产业集群相关企业积极拥抱工业互联网，实现能效提升、远程设备操控、AI（人工智能）质检等，推动企业从自动化工厂转变为智能工厂。中联重科股份有限公司研发的高端装备智慧作业解决方案，突破欧美技术垄断，实现了国产替代。三一集团研发的自制专用底盘、发动机 56 米 C8 泵车，打破国外知名品牌对泵车行业的底盘垄断，也实现了国产替代。湖南启泰传感科技有限公司研发的金属溅射薄膜压敏芯片及压力传感器，改变了我国工程机械、航天航空等领域高端压力传感器长期依赖进口的局面。中车株洲所研发的轨道交通用 3300 V IGBT 芯片，实现国内高压 IGBT 技术“从无到有、从弱到强”、产品“从依赖进口到国产替代、开始批量出口”的战略跨越，支撑了中国高铁、智能电网等高端装备可持续发展。《长沙市加快先进计算产业发展若干政策》提出，支持面向智能制造、城市大脑、医药研发、超高清视频、航空航天、种业科技等融合应用领域，鼓励企业开发“计算 +”行业融合创新应用场景项目。越来越多计算及相关企业来湘投资布局，涵盖硬件、软件、系统、整机的产业生态在长沙快速完善起来，产业本地配套率达 90%。立足深厚的产业基础和资源优势，以智能制造为主攻方向推动产业技术变革和优化升级，湖南四大产业集群必将迎来高质量发展的新机遇、新动能。

推动企业智能化改造和数字化转型，要坚持以企业为主体，以需求为导向，强化“内在驱动”，积极培育和认真遴选智能化改造、数字化转型标杆企业，切实发挥好标杆企业的示范引领作用，鼓励中小企业分步探索“智改数转”，为中小企业打造逐级分层产业政策，依照中小企业行业划分与成熟度评价，重点对高端产业链条中的中小企业适当放宽政策支持条件，降低投入门槛、延长扶持年度、支持点位升级、偏重应用成效；要抓住关键环节，用好“数据”要素，为企业提供有针对性的解决方案，培育本地数字化转型服务商，组织开展关键核心技术协同攻关，进一步推进跨界复合型人才队伍建设，培养一大批智能装备操作、智能检测管控等方面的现代产业技术工人以及适配专精特新企业的新一代能工巧匠，着力提升政府服务企业智能化改造、数字化转型的精准度和有效性；要营造良好的产业生态，推动更深层次更多场景融合应用，利用数字化对生产方式和组织结构进行优化调整，推动产业链与供应链、技术链、人才链、资金链融合发展，着力优化要素配置、提升主体能力、强化政策协调，大力推动 5G、人工智能、物联网、新型显示等优势数字产业融合集群发展，不断提升数字产业竞争力和集群能级。

专栏 6-1

## 工信部以试点示范工作助力广大企业数字化转型

党的十八大以来，工业和信息化部积极开展智能制造试点示范行动，树立典型标杆，为地区、行业和企业数字化转型探索了有效路径。2021 年，工信部联合国家发展改革委、财政部、国家市场监管总局，揭榜遴选了 110 家智能制造示范工厂，挖掘了近 1200 个优秀场景。经过不懈努力，已经培育出 1700 余家引领行业发展的数字化车间 / 智能工厂和 5500 余家区域领军企业，地方、行业和企业实施智能制造的积极性持续提升，智能制造发展取得长足进步。

下一步，工信部将落实《“十四五”智能制造发展规划》，持续开展智能制造试点示范行动。一是深化示范机制。聚焦原材料、装备制造、消费品、电子信息等领域的细分行业，围绕设计、生产、管理、服务等制造全流程，挖掘一批低成本、模块化、可落地、易推广且带动意义强的智能制造典型场景，建设细分行业智能制造示范工厂，探索智能制造最佳实践推广路径。二是提升服务能力。建设好智能制造公共服务平台，加速沉淀试点示范经验成果，加快重点标准的修订与宣贯推广，推动形成标准与试点示范迭代优化、互促共进的工作格局。加快系统解决方案供应商培育，推动规范发展，引导提供专业化、高水平、一站式的集成服务。

三是加大宣传推广力度。强化试点示范行动经验总结，编制示范工厂优秀案例集，分行业、分区域开展系列宣传活动，利用世界智能制造大会、世界智能大会、《智造中国》融媒体活动等，宣传推广智能制造新技术、新装备和优秀场景。

——根据 2022 年 9 月 9 日工业和信息化部“加快制造业数字化网络化智能化发展”新闻发布会实录整理

## 二、建设行业级工业互联网平台

工业互联网创新发展已成为加快我国制造业数字化转型和支撑经济高质量发展的重要力量，对我省打造四大世界级产业集群具有关键支撑作用，是推进产业集群数字化和智能化的底层支撑和基础工程。打造四大世界级产业集群，要加快建设行业级工业互联网平台，完善智能制造发展生态，筑牢数智化发展基石。

要构建“综合型、特色型、专业型”多层次工业互联网平台体系。培育四大产业集群的行业级工业互联网平台，引导平台供应商提高软件、装备、综合解决方案供给能力，加快集群企业设备和业务系统“上云上平台”。构建“企业专用＋行业通用＋基础共性”四大产业集群 APP（应用程序）发展体系，推动集群企业 APP 向工业互联网平台汇聚。引导产业集群龙头企业建设协同平台，带动上下游企业同步实施智能制造，打造智慧供应链。聚焦集群中小企业“上云上平台”重点共性需求，鼓励平台企业、云服务企业、工业软件企业、系统集成商合作开发一批轻量型网络应用程序。培育一批围绕四大产业集群工业互联网的通用供应商，具备细分场景技术优势的专业供应商，与行业知识经验及需求深度结合的行业供应商。构建平台间开放协同机制。以产业联盟、技术标准、开源组织等为纽带，构建“API（应用程序接口）+APP+开源”产业协同体系。加快推进工业软件、智能传感器等数字化改造关键产品研发创新和产业化。

深化工业互联网在四大产业集群各细分领域的应用创新。鼓励四大产业集群与智能制造系统解决方案供应商加强联合创新，推进工艺、装备、软件、网络的系统集成和深度融合，开发面向典型场景和细分行业的解决方案。梳理一批具有特定功能和实际价值的细分场景和解决方案，培育新模式标杆应用场景，加强智能化制造、网络化协同、个性化定制、服务化延伸、数字化管理等新模式新业态探索与推广。发挥四大产业应用场景丰富优势，引导企业平台和行业平台加强专业领域工业机理模型、先进算法、数据资源的积累，结合新技术手段重点突破仿真设计软件、高端控制算法、先进配方和一体化工艺包等制约集群高质量发展的核心短板。推广满足四大产业集群内中小企业需求的工业互联网产品和服务，引导中小企业在研发设计、生产制造、运营管理等环节广泛应用新一代信息技术。支持产业特色鲜明、转型需求迫切、基础条件好的长株潭地区，利用5G、边缘计算、人工智能、AR（增强现实）/VR（虚拟现实）等新技术，建设新技术融合应用先导区和智能制造先行区，围绕四大产业集群，打造智能制造技术创新策源地、示范应用集聚区、关键装备和解决方案输出地。

完善产业发展生态。加快组织成立以湖南工业互联网产业联盟为代表的创新生态载体，鼓励和支持四大产业集群企业依托联盟实体联合开展标准制定、测试床建设、案例征集研究、产业调研、行业峰会组织等基础工作。积极开展标准制定工作，深度参与工业互联网领域国家标准与国际标准制定工作，积极争取牵头制定与产业发展紧密相关的基础共性、关键技术、典型应用标准，推动数据管理等国家标准贯标实施。支持集群龙头企业牵头建立工业互联网行业标准推进工作组，推进创新技术成果向标准转化。支持建设面向供应商分类分级、产业运行监测、发展成效评估的公共服务平台，创新“挖掘机指数”“盾构机指数”等新型指标对经济运行监测的支撑作用。规范和健全中介服务体系，引导服务机构提供资源对接、供应链金融、评估诊断、能力培训等规范化、精细化、个性化服务。支持集群企业举办开发者大会、应用创新竞赛、专业培训及参与国际开源项目等活动，不断提升平台企业应用创新能力。

## 三、打造“5G+ 工业互联网”融合应用先导区

深化“5G+ 工业互联网”在四大产业集群中的融合应用，实现泛在感知、数据贯通、集成互联、人机协作和分析优化，建设智能场景、智能车间和智能工厂，提升研发设计、生产制造等产业链各环节数字化水平。鼓励开展“5G+ 工业互联网”多场景、多层级应用示范，培育推广智能化设计、网络协同制造、大规模定制、共享制造、智能运维服务等新模式。

提升“5G+ 工业互联网”网络关键技术产业能力。加强“5G+ 工业互联网”技术标准攻关。对标产业集群工业生产环境和现有网络体系，着力突破 5G 超级上行、高精度室内定位、确定性网络、高精度时间同步等新兴技术，着力突破 5G 在工业复杂场景下对高实时、高可靠、高精度等工业应用的承载能力瓶颈。加快“5G+ 工业互联网”融合产品研发和产业化。加快工业级 5G 芯片和模组、网关，以及工业多接入边缘计算等通信设备的研发与产业化，促进 5G 技术与可编程逻辑控制器、分布式控制系统等工业控制系统的融合创新，培育“5G+ 工业互联网”特色产业。加快“5G+ 工业互联网”网络技术和产品部署实施。深入研究工厂内 5G 网络部署架构、网络配置、业务部署、网络和数据安全、频谱分配等关键问题，形成覆盖重点行业的网络部署架构及方案。推动基础电信企业结合 5G 独立组网和应用，为具备条件的工业企业进行工业互联网内网设计、建设和管理运维，探索可持续发展

的商业模式。

提升“5G+ 工业互联网”创新应用能力。推动建设长株潭城市群“5G+ 工业互联网”融合应用先导区，打造“5G+ 工业互联网”园区网络，引领5G技术在垂直行业的融合创新。打造四大产业集群“5G+ 工业互联网”典型应用场景。依托工业互联网创新发展工程、工业互联网试点示范，打造一批“5G+ 工业互联网”内网建设改造标杆、样板工程，鼓励工业企业将生产流程优化与内网建设改造相结合，推动5G网络部署应用从生产外围环节向生产内部环节延伸，挖掘可复制、可推广的典型工业应用场景，形成“5G+ 工业互联网”内网建设改造示范引领效应。依托工业互联网创新发展工程，打造5G网络化改造及推广服务平台，为集群中小企业提供“5G+ 工业互联网”内网建设改造模板，开展应用咨询及研发培训。建设“5G+ 工业互联网”测试床（表6-1）。鼓励企业、高校和科研机构、产业联盟等联合建设“5G+ 工业互联网”技术测试床，开展融合技术、标准、设备、解决方案的研发研制、试验验证、评估评测等工作。

提升“5G+ 工业互联网”资源供给能力。打造四大产业集群“5G+ 工业互联网”项目库，遴选优质项目纳入项目库，滚动更新项目库。培育“5G+ 工业互联网”解决方案供应商。通过工业互联网创新发展工程、工业互联网试点示范、新型工业化产业示范基地（工业互联网方向）建设等多种途径，支持基

**表 6-1　国内在建部分“5G+ 工业互联网”**

| 序号 | 测试床 | 实验室 |
|---|---|---|
| 1 | 5G 智能电网测试床项目 | 中国移动上海产业研究院、南方电网 |
| 2 | 基于 5G 的配电网继电保护应用研究 | 中国联通、联通雄安产业互联网 |
| 3 | 基于 5G MEC（移动边缘计算）+ 边缘智能的 AI 跨边云协同训练推理测试床 | 中国电信、瑞斯康达 |
| 4 | 基于 5G 网络连接的智慧工厂测试床 | 湖南华菱湘潭钢铁、中国移动 |
| 5 | 基于“5G+ 工业互联网”的无忧智能工厂 | 鸿富锦精密电子、中国电信成都 |
| 6 | 5G 智慧矿山测试床 | 内蒙古智能煤炭、中国移动 |
| 7 | 基于 5G MEC 网络的“数据驱动”模式下的智慧工厂项目 | 博世汽车、中国电信苏州 |
| 8 | 基于 5G 确定性网络的工业互联网融合应用 | 江苏亨通光电、中国移动苏州 |
| 9 | 5G+ 机器视觉 + 大数据分析在流程行业的应用 | 浙江蓝卓工业互联网信息技术有限公司 |
| 10 | 基于大规模定制模式的智能 +5G 验证测试平台 | 青岛海尔工业智能研究院 |
| 11 | 基于 5G 网络连接的工业智能化巡检测试床 | 中国移动政企公司、广西玉柴机器股份有限公司 |
| 12 | 5G+ 工业确定性网络实验室 | 中兴通讯股份有限公司 |
| 13 | 5G+TSN（时效性网络）联合测试床 | 中国信息通信研究院、中国移动、诺基亚贝尔、华为、新华三、高通、英特尔、艾灵网络 |

础电信企业、通信设备企业、工业企业等结合自身优势、立足各自主业，拓展工业互联网内网建设改造服务，培育一批既懂5G又懂工业解决方案的供应商。构建“5G+工业互联网”供给资源池。遴选面向“5G+工业互联网”的各类型优质服务提供商，构建供给资源池，并向社会公布。依托工业互联网产业联盟、5G应用产业方阵等产业组织，促进“5G+工业互联网”内网建设改造供需双方开展务实合作。加快实施中小企业数字化促进工程，针对集群中小企业典型应用场景，推广一批符合中小企业需求的数字化产品和服务，开展装备联网、关键工序数控化、业务系统云化等改造，推动中小企业工艺流程优化、技术装备升级。

## 第二节

# 推动绿色化发展

推动经济社会发展绿色化、低碳化是实现高质量发展的关键环节。《“十四五”工业绿色发展规划》要求加快构建完善绿色低碳技术体系和绿色制造支撑体系，系统推进制造业向产业结构高端化、能源消费低碳化、资源利用循环化、生产过程清洁化、产品供给绿色化、生产方式数字化等方向转型。2023年7月17

日，习近平总书记在全国生态环境保护大会上强调，严把准入关口，坚决遏制高耗能、高排放、低水平项目盲目上马。实施全面节约战略，推进节能、节水、节地、节材、节矿，加快构建废弃物循环利用体系，科学利用各类资源，提高资源产出率。中共中央、国务院发布《关于全面推进美丽中国建设的意见》，提出大力推进传统产业工艺、技术、装备升级，实现绿色低碳转型，实施清洁生产水平提升工程。加快节能降碳先进技术研发和推广应用，推动四大产业集群绿色化发展，既是推进国家重要先进制造业高地建设、实现我省制造业高质量发展的必由之路，也是主动应对新一轮科技革命和产业变革的战略选择。

## 一、推广绿色制造技术工艺

工业和信息化部、发展改革委、生态环境部三部门联合印发的《工业领域碳达峰实施方案》明确提出："构建绿色低碳产品开发推广机制。推行工业产品绿色设计，按照全生命周期管理要求，探索开展产品碳足迹核算。"四大产业集群绿色化发展，要加快推广绿色制造技术工艺、提升精益制造水平。

铸造、锻压、热处理、焊接、表面处理和切削等是制造业基础制造核心技术工艺，也是资源消耗和污染排放的主要环节，铸、锻、热、焊四种基础制造工艺合计能耗一般占装备制造业总能耗的70%—85%。因此，湖南四大世界级产业集群绿色化发展要大力研发推广绿色工艺技术装备，重点推广绿色、先进的铸造、锻压、热处理、焊接、表面处理和切削等基础制造工艺技术与装备。建立绿色化数字化车间/工厂，建立数字化、柔性化、绿色、高效的铸造车间，以锻压设备为中心构建数字化冲压车间，建设数字化焊接车间、数字化热处理车间、高效绿色切削加工中心。通过采用无毒无害或低毒低害的原辅料、清洁能源以及高效节能的先进制造工艺与设备，提升整个产业集群的质量和效益。

大力推广清洁生产技术和升级改造末端治理装备。加大湖南四大世界级产业集群先进节能环保技术、工艺和装备的研发力度，加快制造业绿色改造升级，努力构建高效、清洁、低碳、循环的集群绿色制造体系。推广应用节能、节水、清洁生产的新技术、新工艺、新装备、新材料，推进绿色化升级改造，充分发挥产业政策的引导作用，支持企业技术升级改造、推广绿色制造工艺。集中行业优势资源，突破关键材料、仪器设备、核心工艺、工业控制装置等技术瓶颈，推动形成一批具有自主知识产权、达到国际先进水平的关键核心绿色技术和一批原创性引领型科技成果。在四大产业集群内组织推广先进适用环保治理装备，升级改造末端治理设施。聚焦烟气排放量大、排放成分复杂、治理难度大的重点企业，开展多污染物协同治理应用示范。建设规范化工业废物处置设施，开展深度高效治理应用示范，逐步提升四大产业集群工业废物治理水平。

## 二、开展绿色试点示范

围绕绿色工厂、绿色产品、绿色园区、绿色供应链、绿色企业，开展绿色制造试点示范，把绿色低碳的理念融入四大产业集群发展的方方面面。深入推进集群绿色发展试点示范工作，在统筹规划、资金支持、基础设施建设等方面出台支持绿色发展的配套政策，真正让绿色发展在四大世界级产业集群中落地生根、开花结果。

构建四大产业集群绿色产品标准、认证、政策、推广、绩效五大体系。试点示范“碳标签”“碳足迹”“绿色认证企业”等绿色标识，打造绿色供应链生态圈。支持创建一批绿色设计示范企业，重点实施轻量化、无害化、节能降耗、资源节约、易制造、易回收、高可靠性和长寿命等关键绿色设计技术应用示范，探索行业绿色设计路径。强化全生命周期理念，全方位全过程推行工业产品绿色设计，构建全生命周期管理绿色设计平台，推动绿色研发设计和绿色制造一体化提升，拓宽绿色设计应用范围。积极推动绿色设计标准制定工作，建立标准采信机制，加大标准宣贯力度。引导企业采取自我声明或自愿认证方式，开展绿色设计评价。

加快完善四大产业集群绿色产品、绿色园区、绿色供应链以及绿色评价服务等标准体系。建立健全以“生产智能化、装备自动化、产品数字化、管理信息化”为基础的绿色评价体系及服务管理体系；在保证产品功能、质量、成本的前提下，加强对节能环保技术、工艺、装备的推广应用，全面推行清洁生产的现代化制造模式；将厂房或工业园区打造成“用地集约化、原料无害化、生产洁净化、废物资源化、能源低碳化”的基地，实现近零排放，创建绿色工厂 / 园区；建立以资源节约、环境友好为导向的采购、生产、供应、回收及物流等绿色供应链管理规范；加强绿色产品研发应用，推广轻量化、低功耗、易回收等技术工艺，淘汰落后机电产品和技术等。

开展绿色技术创新转移转化示范。选择一批绿色发展潜力大、成熟度高、可推广的重大绿色技术开展试点示范应用。优化完善首台（套）重大技术装备保险补偿机制试点工作，落实首批次节能装备示范应用，运用政府绿色采购政策，支持符合条件的绿色低碳技术装备应用，鼓励企业加强设备更新和新产品规模化应用。针对重点污染物排放量大的工艺环节，推广过程减污工艺和设备，开展应用示范。

## 三、积极发展再制造产业

再制造是以废旧产品为生产毛坯，运用先进技术与工艺进行专业化修复或升级改造，使其质量特性不低于原型新品的生产过程。四大产业集群发展再制造产业，需从规范行业发展入手，夯实再制造产业基础。

实施高端再制造行动。加强再制造产品认定与推广应用。加强规划引领，强化市场监管，建立覆盖全过程全集群的信息化体系。推进盾构机、航空发动机与燃气轮机、重型机床等高端装备的关键零部件再制造，以及增材制造、特种材料、智能加工、无损检测等绿色基础共性技术在再制造领域的应用，推进高端智能再制造关键工艺技术装备研发应用与产业化推广。发展以工程机械、轨道交通装备、航空航天装备再制造为主体的再制造产业，打造绿色拆解及再制造国家示范基地。建立再制造产品逆向智能物流等服务体系，进一步完善再制造产品认定机制和标准规范，推进再制造产业发展。

推进再生资源高值化利用。统筹布局退役工程机械、轨道交通机车、航空发动机装置等新兴固废综合利用，提升资源化利用技术水平，打造完善的报废工程机械、轨道交通装备、航空航天装备资源化产业链。围绕废钢铁、废有色金属、废纸、废橡胶、废塑料、废弃电器电子产品、废旧动力电池等主要再生资源，培育再生资源循环利用骨干企业。推动资源要素向优势企业集聚，依托优势企业技术装备，推动再生资源高值化利用。鼓励建设再生资源高值化利用产业园区，推动企业聚集化、资源循环化、产业高端化发展。建设锂电池回收综合利用示范基地，推动装备动力电池回收利用。建立完善的动力电池回收利用标准体系，形成动力电池回收利用创新商业合作模式。探索建立动力电池信息化管理平台，规范落实生产企业及相关参与单位的责任。

完善产业全链条，搭建产业发展平台。以发达的逆向物流体系为基础，发展“补链”和“延链”项目，形成有利于再制造产业发展的产业体系，包括旧件回收逆向物流体系、旧件交易体系、再制造生产服务体系、再制造产品交易服务体系，构建“逆向物流与旧件回收、拆解加工再制造、公共服务保障”三大再制造示范体系。引进专业的再制造产品网络销售平台企业，进一步完善产业链条。搭建再制造产业重点发展平台，依托浏阳国家再制造高新技术产业化基地，建立和完善再制造旧件综合服务中心、再制造产品示范生产线、再制造技术研发中心、再制造产品中试基地、再制造检验检测认证中心、再制造标准服务平台、再制造成果转化基地等。利用再制造产业园优势，瞄准全国再制造龙头企业进行重点招商，引进高端绿色再制造企业。

专栏 6-2

**浏阳国家再制造高新技术产业化基地**

浏阳经开区（高新区）有着良好的再制造产业基础。经多年积累与发展，初步形成了从逆向物流回收、再制造技术研发、生产制造修复、实验检测，到产品销售的再制造产业链。

为促进再制造产业发展，浏阳经开区（高新区）成立了再制造产业基地建设工作领导小组，制定了《关于鼓励园区企业转型提质发展的若干意见》《关于促进再制造产业发展的若干意见》等鼓励再制造产业发展的相关政策，建设了众创空间、科技孵化器等再制造双创平台，设立了支持再制造龙头企业落户的产业投资基金及支持初创型再制造企业发展的信贷风险补偿基金和孵化资金等，再制造配套体系日趋完善。

未来，浏阳经开区（高新区）将以现有优势产业为基础，以调整产业结构、转变经济发展方式为手段，以再制造核心企业为中心，以一批装备制造企业为支撑，力图通过3—5年时间，将浏阳国家再制造高新技术产业化基地打造为产业规模省内领先、应用水平全国领先、配套服务体系完善的生产研发基地。

——选编自红网时刻，2020年10月15日

# 第7章

# 提升运营国际化水平

要拓展国际视野，立足中国，放眼世界，提高把握国际市场动向和需求特点的能力，提高把握国际规则能力，提高国际市场开拓能力，提高防范国际市场风险能力，带动企业在更高水平的对外开放中实现更好发展。

——2020年7月21日习近平总书记在企业家座谈会上的讲话

打造世界级产业集群，必须拓宽全球化发展的视野，走向国际化的舞台，用好国际国内两种资源、两个市场。湖南应深度融入共建“一带一路”、努力建设更高水平自贸试验区，围绕四大产业集群，在更高层面、更宽领域扩大开放，积极应对外部挑战，助力企业抱团“走出去”“走上去”，在新型国际分工中进一步提升产业竞争力。

## 第一节

## 完善全球化的发展布局

纵观全球，知名产业集群不仅具备世界级的产能规模、对外开放度和产业链聚集度，还拥有数家跨国经营的龙头企业和一批深度参与国际分工协作的中小企业群，相关研发设计中心、生产基地、销售和售后服务中心等在全球各地均有布局。

专栏 7-1

**湖南两企业入选 2023 中国跨国公司 100 大**

2023 年 9 月，中国企业联合会、中国企业家协会发布“中国跨国公司 100 大”榜单。数据显示，2023 中国跨国公司 100 大的平均跨国指数达到 15.90%，海外资产规模最小不低于 179.09 亿元。其中，海外资产规模排名第一的是中国石油天然气集团有限公司，达到 10 547.90 亿元；跨国指数排名第一的是宁波均胜电子股份有限公司，达到 76.59%。

湖南两家企业入选该榜单，分别为三一集团有限公司（第 47 位）、中联重科股份有限公司（第 73 位）；跨国指数分别为 18.74%、18.94%，海外资产分别为 582.84 亿元、282.67 亿元。

——选编自中国企业报，2023 年 9 月 20 日

## 一、深度参与“一带一路”建设

湖南作为中部省份，要发挥“一带一部”区位优势，积极参与“一带一路”建设，投资贸易便利化程度不断优化，经济外向度持续提高，在打造国内国际双循环的重要节点上有更大的作为

和贡献。2023 年，湖南进出口总额 6175 亿元，对外实际投资额 22.2 亿美元。其中对“一带一路”沿线国家进出口金额占比达到 52.4%，实际投资金额达 7.29 亿美元，增长 108%。面对当前国际贸易保护主义、单边主义等逆全球化行为的阻挠，我省急需通过主动融入新亚欧大陆桥、粤港澳大湾区、西部陆海新通道等国家重大战略，深度参与“一带一路”建设，在合作共赢的旗帜下，不断释放四大优势产业集群的发展潜力，拓展发展新空间，形成发展新动能，尽快将这四大产业集群打造成世界级产业集群。

科学谋划，全力争取国家支持。完善全省“一带一路”暨国际产能合作重大项目库，争取更多涉及工程机械、先进轨道交通装备、中小航空发动机、新一代自主安全计算系统等的优势产业，以及产业链上下游的有关项目纳入国家重大项目“笼子”。积极争取共建“一带一路”专项贷款、丝路基金等国家政策支持。深化与中车集团、中国商飞、航空工业集团、中国航发、航天科工、航天科技、中国电科、中国电子等央企的战略合作，全力争取获得更全生产资质、更大规模、更高层次的配套企业，让更多的重大项目落子湖南。抓牢全国一体化算力网建设的战略机遇，大力争取数字设备制造、云计算、数据服务、数字技术应用等企业和项目来湘落地。把握北京非首都功能疏解、企业总部外迁的机遇，积极争取更多企业将总部或第二总部、研发技术中心、运营中心、生产中心等重要机构进入湖南。

积极融入，深入开展交流合作。深度融入“一带一路”建设，充分挖掘区域全面经济伙伴关系协定（RCEP）正式生效的政策红利，主攻东盟市场，稳步推进与非洲国家的务实合作，积极拓展中亚、西亚、中东欧等新兴市场，通过开展“园区＋抱团＋投建营一体化”合作、建设境外经贸合作区，推进援外与投资、工程融合发展，探索以投资带动易货贸易、加工贸易的合作新模式，加快四大优势产业在“一带一路”沿线国家（地区）及非洲国家布局，推动重点企业和优势产能出海，加快企业高质量“走出去”步伐。

精心组织，提升服务保障能力。聚焦四大产业集群，出台有效措施，整合法律、税务、金融、风险防范及海外安保等专业服务机构的资源和力量，从境外投资合规、风险防范、税务筹划、外派员工安全培训等各方面开展服务活动，支持产业链上的中小企业参与“一带一路”建设专项行动。指导集群发展促进组织通过会议活动、产业交流等方式加强与联盟组织、研究机构、金融机构、行业协会、商会和各类企业等相关方的高效联通。完善“政策支持＋项目共享＋利益均沾”抱团机制，健全“湘企出海＋”综合服务平台，完善境外服务网络，提高公共服务能力。抓好境外风险防控，引导企业遵守东道国法律法规，增强风险防范意识和能力；建立境外投资总体风险、国别风险和项目风险评估监测预警体系，实时发布预警信息，为湘企出海保驾护航。

专栏 7-2

### 浙江建设境外经贸合作区成绩丰硕

截至 2023 年 10 月，浙江在共建“一带一路”国家拥有国家级境外经贸合作区共 4 个，数量在全国居首位，还布局了省级境外经贸合作区 11 个。到 2022 年底，合作区已累计带动 1000 多家企业在当地投资，累计投资额超 167 亿美元，解决共建国家 7.7 万余人就业；2022 年总产值超 289 亿美元，实现进出口额超 166 亿美元。

在区域布局上，初步形成了贯穿“一带一路”沿线国家，兼顾欧美的境外经贸合作区新格局；在园区类型上，建设了囊括加工制造、商贸物流、科技研发等商务部认定的全部 6 种类型。

——根据浙江省商务厅网站、《浙江日报》等相关文章整理

## 二、龙头带动“湖南智造”结伴出海

当前，推进产业集群国际化，面临世界经济增速放缓、多边贸易体制被破坏、产业链供应链遭受冲击、招商引资区域竞争加

剧等诸多挑战。我省要直面挑战、主动应对，深入开展“抱团结伴出海”行动，以龙头带配套，以配套护龙头，多措并举，推动企业从单枪匹马“走出去”向集群结伴“走出去”转变，壮大产业国际竞争力。

支持龙头企业提升全球竞争力。支持四大产业集群中的龙头企业增强面向全球的资源配置和整合能力，通过海外合作投资、建立海外研究院、技术研发项目全球外包、业务流程再造、参与海外龙头企业外包项目、产业链整合、资本市场运作等方式，不断提高创新能力和国际竞争力。创新对外经济合作方式，优化资源、品牌和营销渠道，深度参与全球产业分工合作，由加工制造环节为主向合作研发、联合设计、市场营销、品牌培育等高端环节延伸，实现产品、技术、服务“全产业链”出口。支持龙头企业灵活采取联合共建、技术合作、技术援助等方式，加强与国外整机生产知名厂商以及一流零部件企业的交流合作；把准市场有利时机，通过对外投资和并购精准布局海外，获得全球先进的管理运营经验、一流的研发制造能力和广阔的市场空间，实现以先进技术、高端设备和投资换市场，占领行业制高点。支持相关企业积极参与国际标准制修订，推进中国标准海外认可与应用。

推进集群“抱团出海”。加大对四大产业集群内企业“走出去”的政策支持力度，制定鼓励和引导跨境并购的扶持政策，引导企业利用多边、双边投资贸易协定和财政担保措施，增强获取全球

专栏 7-3

### 湖南国家级产业集群加速出海，再起航

工程机械装备加速出海。2023 年湖南省工程机械产品出口 263 亿元，同比增长 43.7%，增幅高于全国平均水平 21.7 个百分点。其中，对共建“一带一路”国家出口 189.5 亿元，同比增长 48.9%。三一重卡国际化产品 2023 年成功出售到俄罗斯、沙特、乌兹别克斯坦等 20 个国家，较 2022 年增长 17 个。铁建重工 2023 年出口增长超 50%。最新跻身全球工程机械 50 强的星邦智能 2023 年海外销售约 14 亿元，增长 75%，2024 年有望超过 25 亿元。

轨道交通装备阔步海外。以中车株机、时代电气等为代表的轨道交通装备龙头企业实现从单一产品出口，到“产品 + 技术 + 服务 + 资本 + 方案”等综合输出。“株洲造”电力机车出口六大洲 70 多个国家和地区，占全球市场的 27%，市场占有率稳居全球第一。2024 年 3 月墨西哥城地铁 1 号线列车上线，是中国中车首个海外总包项目，涉及投融资、车辆新造、信号系统线路改造以及机电系统的全面的现代化升级改造，还包括了长达 19 年的维保服务，项目入选了联合国开发计划署的全球十大 PPP（政府和社会资本合作模式）项目经典案例。

航空航天装备产业开辟全新市场。山河星航（原山河科

技）收购北美最大的支线飞机租赁和维修公司、世界第二大支线飞机租赁公司——加拿大 Avmax 公司 100% 股权；明星产品阿若拉轻型运动型飞机成功卖到了欧洲，并先后于 2019 年 7 月、2023 年 8 月通过了美国联邦航空管理局、澳大利亚民航局的适航认证，成功进入美国、澳大利亚市场。

——根据《湖南日报》《长沙晚报》等相关文章整理

资源的能力。支持企业拓展海外业务，设立装配基地、研发中心、营销中心和售后服务网络，增设海外机构和业务网点。鼓励企业在科技资源密集的国家和地区设立海外研发中心，加快融入国际创新体系。充分发挥专业协会等组织的作用，助力企业“抱团出海”，打造“联合舰队”。

创新贸易模式。依托工程机械、轨道交通装备等优势产业，大力发展研发设计、境外咨询等知识技术密集型服务贸易，引导企业向“高技术、高附加值”转型。建立跨境电子商务综合试验区、跨境电商平台，发展国际集中采购等新的贸易模式，为有关企业提供专业化服务。推进海外仓服务体系建设。统筹布局一批公共海外仓和国内集货仓，支持企业自建或参与建设海外仓。全面提高海外仓数字化、智能化水平，抓紧建立与海外仓出口业务相适应的退税、结汇等监管服务新模式。到 2025 年，培育信息化、智能化、多元化、本地化的具有代表性的海外仓企业 5 家。

加强权益保护。重视知识产权保护，成立集群法律服务部，丰富完善跨境贸易法律服务专家资源库，开展知识产权专利导航服务，定期为四大产业集群的企业开展知识产权保护专题讲座，为有需要的企业提供关于制定海外投资战略和流程的指导。引导海关、行业协会等发挥积极作用，为企业提供技术贸易措施研究及法律咨询、知识产权、风险评估等服务，进一步加强境外投资风险防控。强化信保护航措施，鼓励四大产业集群中的涉外企业积极使用出口信用保险，防范出口收汇风险、海外投资风险以及还贷风险，及时化解和转移东道国的政治风险和商业风险；加强与中国信保等机构合作，对四大产业集群的有关企业进行分类精准辅导，解答信用保险疑难问题，加大小微企业扶持力度，提高重点企业信用保险质效。

## 三、依托自贸区提升全球产业分工的参与度

湖南自贸试验区成绩亮眼，2023 年形成全国首创制度创新成果 16 项，8 项制度创新成果在全国范围推广推介；新设企业 1.2 万家，新引进重大项目 96 个，总投资 1569.1 亿元；全年实现进出口额 1669.9 亿元，实际利用外资 4.7 亿美元，占全省总量的比重分别达到 27%、32.8%，自贸区已成为我省扩大开放的桥头堡。要继续发挥湖南自贸试验区的制度优势，加速联通世界的脚步，不断提升四大产业集群参与全球产业分工的广度、深度。

加快贸易业态创新。持续引导相关企业到湖南自贸试验区、综合保税区内开展“两头在外”的保税维修和进口再制造业务，将保税维修业务范围拓展至工程机械、轨道交通装备、航空传动系统等领域。支持对自贸试验区内企业在综合保税区外开展“两头在外”航空维修业态实行保税监管，加大“两头在外”的航材包修转包区域流转业务试点。强化再制造（含二手）设备出口试点的实施力度，加大促进工程机械再制造设备出口等政策支持力度。鼓励企业、联盟或相关标准化组织研究制定相关规范标准，支持打造工程机械再制造设备出口公共服务平台、再制造设备基地。大力推广“融资租赁 + 工程机械设备出口”改革新模式，积极推动机械设备金融租赁的扩面试点，支持企业开展轨道交通装备、飞机融资租赁业务，发展飞机拆解以及航材贸易、航材租赁等业务。在自贸试验区范围内，建设国家级工业设计研究院、国家级轨道交通装备检验检测认证机构，支持发展航空航天衍生制造、试验测试、维修保障和服务网络体系，支持建设工业互联网平台，通过“智赋万企”行动支持工业互联网服务商和“上云上平台”标杆企业发展。支持龙头企业建设全球售后服务中心和面向“一带一路”沿线国家和地区的跨境寄递服务网络、国际营销和服务体系。充分利用海南自由贸易港开放优势“借港出海”，依托湘琼先进制造业共建产业园开展创新，建设全球工程机械回收及再制造基地。到 2025 年，工程机械再制造设备出口额达到400亿元。

提升公共服务能力。在湖南自贸试验区内完善知识产权归属制度，搭建知识产权公共服务平台，构建一体化的知识产权公共服务体系，建立多元化知识产权争端解决与快速维权机制，强化知识产权保护。建立完善、公允的知识产权评估机制，优化知识产权质押登记服务，完善知识产权质押融资风险分担机制以及方便快捷的质物处置机制，进一步提升知识产权质押融资效率。在自贸试验区内建立商事纠纷诉调对接、仲裁制度，搭建国际商事仲裁平台，为市场主体提供多途径、多层次、多种类的纠纷解决渠道。

## 四、借力开放平台“搭台唱戏”

湖南要积极融入国内国际双循环，打造高层次、高水平的国际化开放型推广平台，大开市场开放之门，助力企业“扬帆出海”，提高国际市场占有率。

办好国际大型行业会展。高质量发挥长沙国际工程机械展览会（及海外展）、长沙国际工程机械产业链大会、中国国际轨道交通和装备制造产业博览会、世界计算大会、互联网岳麓峰会等国际性交流合作平台作用，精心举办形式多样的专场对接会、航空航天科技创新大赛、工程机械再制造设备出口贸易创新发展大会等，进一步办好“三航”高层座谈会、北斗规模应用国际峰会、湖南（国际）通用航空产业博览会、湖南航空制造业合作对接会、“走进中国商飞”产业合作专项对接会等交流活动，定期举办先进计算产业链招商和投融资相关的对接洽谈活动，多方位、多渠道、立体化宣传推荐湖南涉及国家先进制造业集群的产业政策和发展重点，推介四大产业集群的发展特色与创新成果，营造良好国际舆论氛围，吸引更多整机企业、主配企业、生产服务类企业以及先进计算产业相关企业落地湖南。面向粤港澳大湾区、长三角等重点地区和重点行业，支持打造国际工程机械零部件展，拓展国内外信息化交流合作渠道，探索建立国际轨道交通培训中心。

专栏 7-4

### 长沙国际工程机械展览会

长沙国际工程机械展览会已成为继北京 BICES 展 [ 中国（北京）国际工程机械、建材机械及矿山机械展览与技术交流会 ]、上海宝马展之后在中国举办的又一国际性工程机械展会，成为比肩德国宝马展、美国拉斯维加斯展、法国巴黎展的世界一流品牌工程机械展。

2019 长沙国际工程机械展览会共吸引 1150 家中外工程机械企业前来参展，其中包括 24 家全球工程机械 50 强主机企业，14 家世界 500 强配套件企业，国际展商比重超过 22%，省外企业比重达 51%。4 天时间，现场订单和采购金额超过 200 亿元。

2021 长沙国际工程机械展览会共吸引参展企业 1450 家，其中包括 32 家全球工程机械 50 强企业，6 家世界 500 强企业；展会现场成交额突破 400 亿元，是完全拥有自主知识产权、2021 年度全球最大工程机械行业展会。

2023 长沙国际工程机械展览会共吸引全球 1502 家企业参展，其中包括 35 家全球工程机械 50 强企业；展会现场成交金额累计 536 亿元。本次展会全球化程度显著提高，在全球业界的品牌地位和影响力再次提升，对产业链上下游的吸引力和号召力不断加强。

——根据《湖南日报》、红网、《三湘都市报》等相关文章整理

用好国际综合性营销平台。引导四大产业集群用好用足国家《鼓励进口技术和产品目录》支持政策，借助中国（上海）进口博览会、广交会、非洲进出口商品交易会（IATF）、中国（北京）国际服务贸易交易会等重大国际综合性展会平台，以及德国宝马展、美国拉斯维加斯展等重大国际专业展会平台，扩大先进技术、重要装备和关键零部件的进口，以及新一代自主安全计算系统产品、服务的出口。依托上述展会的网络平台以及湖南企业国际化经营服务平台（EHN）等，积极组织有关企业开展云洽谈、云交易。深耕中非经贸博览会“自留地”。以中非经贸博

览会为载体，聚焦四大产业集群，探索扩大与非洲国家和地区使用新型以货易货等贸易方式，扩大产品输出和能源资源引进；建立信息发布、交易撮合、贸易服务、数据分析、多对多中非易货贸易平台；探索组建中非易货贸易联盟，构建运转顺畅、覆盖面广、交易量大的易货贸易载体，加快推动开展中非互补性较强的商品易货贸易，促进二手工程机械设备出口；在非洲国家和地区推广应用新一代自主安全计算系统产业的基础软硬件、算力终端设备、系统解决方案等。

## 第二节

## 营造国际化的营商环境

习近平总书记指出，“要改善投资和市场环境，加快对外开放步伐，降低市场运行成本，营造稳定公平透明、可预期的营商环境”，“投资环境就像空气，空气清新才能吸引更多外资”。

国际化的营商环境必须把有效市场和有为政府结合起来，既要求有国际化的政府运作制度，在公共安全、公共服务等方面，为企业提供高效务实的政务法治环境；又要求有与国际接轨的经济运行方式，在高效、规范、有序的市场环境中，各种类型企业经营活动较为活跃，能平等参与市场竞争，享受较好的创新环境和氛围；还要求有开放型的金融环境，对外贸易投融资便利化水平高，各类市场主体能享受到便利融通的金融服务；另外需要有高度开放的人文软环境，干事创业氛围浓厚，文化更加包容、多元，国际人群也能享受到良好的居住环境。

近年来，湖南各级各部门深入推进“放管服”改革，营商环境实现了大优化。在全国工商联发布的“万家民营企业评价营商环境”总体评价中，2020 年以来湖南营商环境排名连续三年跻身全国前十位，并实现“三年三进位”，2023 年获评全国营商环境“前 10 省份”和“前 10 最佳口碑省份”；长沙市自 2021 年以来连续三年获评营商环境“前 10 省会及副省级城市”，2023 年还被评选为“前 10 最佳口碑省会及副省级城市”。

当前正处在全球资本避险的“窗口期”、产业链重塑的“关键期”、新业态新模式的“爆发期”，湖南能否在危机中育新机，于变局中开新局，将工程机械、先进轨道交通装备、中小航空发动机、新一代自主安全计算系统等具备竞争优势的产业集群打造成真正的世界级产业集群，取决于我省能否在提供稳定公平透明、可预期的营商环境中走在前面，持续提供“没有最好，只有更好”的政府服务。要锚定世界一流、国内领先的标杆，持续优化营商环境，努力打造走在全国前列的市场化、法治化、国际化营商环境，为企业提供高效务实的政务法治环境、统一稳定的市场环境、便利融通的金融环境、干事创业的人文环境，更好激发市场活力，为提升四大产业集群的国际化水平提供有力支撑。

专栏 7-5

**“长沙经验”入选《中国营商环境报告 2021》**

在国家发改委发布的《中国营商环境报告2021》中，长沙连续两年获评国际化营商环境建设标杆城市；在知识产权创造保护和运用、保护中小投资者、跨境贸易、获得电力、劳动力市场监管、执行合同、办理建筑许可等7个领域优化创新经验入选示范引领“最佳实践篇”，入选案例数居全国前列、中部第一。同时，湖南湘江新区入选改革荟萃“新区实践篇”。

——选编自《湖南日报》，2021 年 12 月 1 日

## 一、营造高效务实的政务法治环境

得益于连续多年的信息化建设，湖南省一体化政务服务公共支撑能力显著提升。《省级政府和重点城市一体化政务服务能力调查评估报告（2022）》中，我省省级政府的一体化政务服务能力总体评定为“高”，其中省级政府方式完备度指数排名全国第 6

位。但和连续数年被评定为“非常高”的先进省份相比，仍有一定差距。因此，我省要主动对标国内一流地区，为企业提供更加高效务实的政务法治环境，为企业发展保驾护航。

深化改革创新。持续深化涉及四大产业领域的“放管服”改革，进一步落实政府权责清单制度，优化减少行政审批，持续深入开展“减证便民”行动，完善“制造名城早餐会”“企业办事不求人”等机制，用好“一网通办”平台、“湘易办”超级移动端等，推动“一件事一次办”升级版全面落实，为产业项目提供更加优化的全生命周期服务，帮助企业解决“急难愁盼”问题。加强事中事后监管，优化线上线下服务，利用区块链、人工智能、大数据、物联网等新一代信息技术，探索适用于新业态、新模式发展的监管措施，为市场主体提供规范、便利、高效的政务服务。优化四大产业领域的国资国企激励机制，激发创新活力和发展动力；支持相关国企混改裂变和非公有制经济发展，从整机向上下游延伸孵化新的市场主体。

增强服务意识。围绕四大产业，深化推广“一业一策”“一地一策”“一企一策”的政府服务方式，推动有关部门、金融机构、电力企业、运输企业等提升服务质量和效率。制定对企业利益、权利义务、正常生产经营有重大影响的政策，必须事先征求相关企业的意见。对可能增加企业成本、影响企业正常生产经营的政策调整，合理设置缓冲过渡期。对国家和省“免申即享”的惠企政策，及时、准确向企业推送并指导帮助企业落实。常态化开展入企服务，着力解决市场主体反映强烈的堵点、痛点、难点问题，推动市场主体高质量发展。

强化法治精神。完善和执行公开、透明、稳定、可预期的招商引资政策，依法依规保障企业和企业家合法权益，让各类市场主体切实感受到公平正义就在身边。加强诚信政府建设，一方面推动各项政策落地见效，并对政策实施效果进行全面评估，切实发挥政策效用，让市场主体感受到发展的牵引力；另一方面以“一张蓝图绘到底”的定力执行各项政策，给四大产业集群内的各类企业吃下“定心丸”。健全完善政府政策、规划变更等导致企业受损的补偿机制，对不履行承诺、合同、政策的单位依规严格问责。

完善社会信用体系。坚持依法建设、依法规范、依法提升原则，全面推进政务诚信、商务诚信、社会诚信和司法公信建设。不断提高信用信息归集共享公开水平，优化信用信息共享平台系统功能，推进信用大数据广泛使用。建立健全企业和个人信用记录，为信用综合评价提供有效数据支撑，在政府采购、招标投标、行政审批、市场准入、资质审核等各个环节全面应用。持续创新守信激励应用场景，在四大产业领域内广泛开展“信易 +”创新应用，持续推进“信易贷”“信易游”“信易购”“信易批”等创新服务。

## 二、营造统一稳定的市场环境

良好的市场环境不仅是各市场主体有序参与市场活动并实

现公平竞争的有力保障，也直接影响经济高质量发展。湖南要切实维护市场公平竞争环境，推动更高水平对外开放，厚植市场主体成长沃土，为四大产业集群的发展提供源源不断的动力。

提高市场准入公平性。坚持法治原则、竞争中性原则，保障四大产业领域内的各种所有制企业平等使用资源要素、公开公平公正参与竞争，依法保护企业产权和企业家权益。全面落实公平竞争审查和负面清单制度，全面清理在市场准入、融资信贷、招标投标、政府采购、投资贸易等领域设置的不合理的限制或排斥条件，营造公平竞争诚信经营的市场环境，支持民营企业进入交通基础设施、先进制造业、市政公用事业、生态环境保护等领域。加强知识产权保护体系建设，严厉打击假冒、仿冒与技术成果盗窃等侵权行为，营造保护创新的良好环境。

降低企业经营成本。将控制成本作为持续优化营商环境的核心，聚焦四大产业集群，全面落实各类减税降费政策，推动实现企业融资、用工、用地、用能、物流等成本下降、效益提升的目标，加快建设综合成本“洼地”和营商成本“高地”。梳理公布惠企政策清单，主动精准向四大产业领域内的企业推送惠企政策。对符合条件的企业免予申报、直接享受惠企政策；确需企业提出申请的惠企政策，合理设置并公开申请条件，简化申报手续，实现一次申报、全程网办、快速兑现。做好政策宣传和辅导，及时研究解决政策落实中的具体问题，确保政策全面、及时惠及四大产业领域内的各类市场主体。

创新市场监管方式。加快健全以“双随机、一公开”监管为基本手段，以重点监管为补充，以信用监管为基础的监管新机制。制定职责明确、边界清晰、标准统一的监管事项清单，明确监管对象和范围、厘清监管事权。对四大产业领域内涌现出来的新产业、新模式、新业态等实行包容审慎监管，探索设置“观察期”模式，鼓励企业先行先试，实现双随机监管事项100%覆盖。

## 三、营造便利融通的金融环境

中国国际贸易促进委员会发布的《2023年度中国营商环境研究报告》显示，受访企业对金融服务环境总体评分较低，企业主要诉求包括拓宽融资渠道，降低融资成本，缓解融资难、融资贵的问题。因此，为企业提供便利融通的金融环境，是湖南省打造世界级产业集群的关键一环。

完善金融政策。针对四大产业领域，构建集群发展融资平台。扩大产业集群发展基金规模，引导社会投资机构跟投；充分发挥“千里马”“梧桐树”等科技成果转化基金和创投基金作用，形成多层次、市场化、专业化的风险投资机制。进一步建立健全融资担保体系，完善资本补充机制和风险补偿机制。设立融资担保代偿补偿专项资金，为领域内的中小微企业融资提供增信服务。建立健全以股权投资、财政贴息、事后奖补为主的激励型财政支持机制。建立融资风险补偿机制，为金融机构开展针对链上企业的融资业务提供风险补偿。支持链上企业通过首发上市和发行公司债、企业债、非金融企业债务融资工具等方式融资。

加强银企对接。聚焦四大产业集群，深化“政银企”对接合作机制，分区域、分行业、分集群开展沟通、交流和资金需求对接，增加金融服务频次。持续推进产业链供应链金融主办行服务和动产抵质押融资试点，实施“一链一策一批”融资促进行动，引导金融机构针对产业集群出台个性化的金融政策，加大力度支持产业集群内由“链主”企业发起、小微企业参与的供应链金融融资模式，依托链上核心企业开展仓单质押贷款、应收账款质押贷款、票据贴现、保理、国际国内信用证等产业链金融业务，拓宽中小微企业融资渠道，增强产业集群企业之间的合作黏性。鼓励金融机构加大对集群内中小企业融资的支持力度，发挥专营机构作用，持续创新融资服务和产品形式，全力突破企业发展资金瓶颈。

加大对新业态新模式的金融支持力度。对于四大产业领域内具有真实交易背景的外贸新业态新模式企业，引导金融机构依法合规加大为其提供融资支持和汇率避险服务的力度。加大出口信用保险对四大产业领域内的跨境电商、市场采购、海外仓等外贸新业态新模式的支持服务力度。深化贸易外汇收支便利化试点，持续推广自贸区内保税货物转卖外汇支付结算便利化、新型离岸贸易收支结算便利化等模式，并根据监管要求和市场需求，不断创新贸易外汇收支便利化管理模式，支持更多符合条件的银行和支付机构依法合规为有关企业提供结算服务。引导支持银行开展离岸转手买卖的真实性管理创新，依照展业三原则，基于客户信用分类及业务模式提升审核效率，为企业开展真实合规离岸贸易业务提供优质金融服务，提高贸易结算便利化水平。

专栏 7-6

### 首笔“中欧班列”铁路运单信用证成功开立

2021 年 12 月 29 日，中国工商银行湖南省分行成功开立首笔“中欧班列”铁路运单信用证，实现了国际铁路运单物权化使用在湖南的首次突破，为湖南更好地融入“一带一路”、推动自贸试验区高质量发展提供了新的金融助力。

该笔信用证业务由工行湖南省分行联合中南国际陆港有限公司以及相关进出口公司、仓储公司等共同探索完成。参与各方以签署合作协议的形式，有效突破了当前 ICC（国际商会）国际跟单信用证商业惯例，赋予国际铁路运单以物权属性，从而打通了银行融资通道，为国际贸易融资实务中铁路运输方式获得与海运方式同等待遇进行了有益的尝试，为外贸企业拓宽了融资渠道，提供了陆运融资便利。

——选编自红网时刻，2021 年 12 月 30 日

专栏 7-7

**金融外汇改革创新助力湖南自贸试验区高质量发展**

2023 年，中国人民银行湖南省分行、湖南省外汇管理局创新外汇收支便利化管理，形成“湖南自贸区内保税货物转卖外汇支付结算便利化”“新型离岸贸易收支结算便利化”等创新案例。新增 27 家自贸试验区企业参与外汇便利化全国改革试点，办理便利化业务 1.3 万余笔，金额 26.5 亿美元。新型离岸国际贸易结算办理时间由原来的一周左右缩短至 1—2 天时间。“金融机构走进自贸试验区”活动为自贸试验区企业送政策、送服务，惠及自贸试验区企业超 300 家。

——选编自中国（湖南）自由贸易试验区官网，2024 年 1 月 3 日

## 四、营造干事创业的人文环境

国以才立、业以才兴。打造世界级产业集群，必须吸引到、汇聚起全球各类优秀人才，努力营造一流的干事创业人文环境。

提升宜居宜业基础能力。在四大产业集群所在地统筹推进空

间布局、综合交通、产业发展、环境治理、公共服务、改革开放一体化，加强交通基础设施互联互通，建立公共服务共建共享机制，不断提高优质教育、高端医疗养老、公共文化等资源的共享水平，构建“一刻钟”便民服务圈，不断提升生活设施配套水平，并以更高标准打好蓝天碧水净土保卫战。

营造“人人能干事、事事可创新、人人想创业”的浓厚氛围。构建“亲”“清”新型政商关系，创新政企互动机制，坦荡真诚地同企业家交往，了解四大产业领域内企业家的所思所想、所困所惑，帮助企业解决实际困难。大力弘扬创新精神，加大对四大产业集群建设中涌现出来的重大成果、典型人物和优秀企业的宣传，营造尊重人才、尊重创造、尊重企业家价值的良好社会环境。搭建四大产业集群的创新创业平台，营造“改善就是创新，人人皆可创新”的创新氛围，形成“人人、时时、处处创新”的文化氛围。健全各类人才的法律保护机制，重点保障优秀人才的就业、生活、财产安全，切实加强人才知识产权保护工作，以事业留人、感情留人、待遇留人。完善容错纠错机制，实施正向激励机制，营造鼓励创新、宽容失败的社会舆论环境，对相关集体和个人在合法经营、创新创业中出现的失误失败给予更多理解、宽容、帮助。

# 关键词索引

KEYWORD INDEX


产业集群 / 002、006、007

世界级产业集群 / 004、005

新一轮全球产业变革 / 003、004

产业集群治理 / 009

产业集群计划 / 009

制造强国 / 010、011

“再工业化” / 011、013

产业链供应链自主可控 / 014、091、106

国内国际双循环 / 015、084、162

产业体系现代化 / 025、132

智能制造 / 008、040、041、049、131

技术创新 / 009、102、103、110、111、113

大国重器 / 041、102

国际化布局 / 051

集群产业生态　/　052

航母舰队集群　/　078

单项冠军企业　/　081、082、083

专精特新“小巨人”企业　/　082、084

集聚化专业园区　/　085

园区空间集聚　/　087

延链　/　088

补链　/　091

强链　/　092

集群发展促进组织　/　093、094、096

关键核心技术　/　100、101、106、107

重大科技专项　/　101

“一龙带百小”　/　103

企业科技创新积分　/　104、105

揭榜挂帅　/　106

国家战略科技力量　/　109

产业技术创新中心　/　110

新型研发机构　/　111

应用场景　/　114、115

“科创飞地”　/　118、120

“5G+ 工业互联网”　/　140、141、142、143

绿色制造 / 144

绿色试点 / 146

“一带一路” / 153、154、155

“走出去” / 152、157

自贸试验区 / 160、161、174

开放型推广平台 / 162

政务法治环境 / 167

国际化营商环境 / 166、167

市场环境 / 169

市场准入公平性 / 170

金融环境 / 171

人文环境 / 174

# 后记

POSTSCRIPT

为贯彻落实党的二十大、二十届三中全会精神，贯彻落实习近平总书记关于湖南工作的重要讲话和指示批示精神，贯彻落实省委十二届四次、五次、六次、七次全会精神，省委宣传部在组织编写出版《湖南高质量发展丛书（第一辑）》的基础上，组织编写了《湖南高质量发展丛书（第二辑）》［以下简称《丛书（第二辑）》］。《丛书（第二辑）》定位为智库类、普及类的政治理论读物，由湖南大学出版社、湖南人民出版社出版。

《湖南世界级产业集群建设》由湖南省社会科学院（湖南省人民政府发展研究中心）副院长（副主任）侯喜保任主编，戴丹任副主编。编写分工如下：第一章，戴丹、邓铤；第二章，李银霞；第三章，戴丹、邓铤；第四章，侯灵艺；第五章，闫仲勇；第六章，文必正；第七章，黄玮。彭蔓玲、言彦也参与了书稿编写工作。

省政协原党组副书记、副主席，省智库建设顾问贺安杰审阅了《丛书（第二辑）》书稿，对书稿修改提出了许多指导意见。省委宣传部副部长、省电影局局长任晓山对编写提纲和书稿修改进行了指导。省社科工作办主任陈湘文组织研讨、修改书稿。刘国良、唐宇文、向晓梅、许召元、刘子敏、李吾秋、彭志飞、李文邦、王和君、刘旺、邓子纲、刘也能、孟凡强、董晓辉、高娜、胡海军、黄君、刘盼盼等同志参与研讨与修改。

湖南大学出版社认真组织了本书的编辑出版工作，本书的撰写参考并采用了有关部门的资料，吸纳了专家学者的研究成果，在此一并表示感谢！

编　者

2024 年 12 月